n평원의 들소와 하이에나

시와 과학

# n평원의 들소와 하이에나

이시경 시집

## 시인의 말

우주는 에테르가 아니고
시공에 따라 변하는 황금 언어로 가득하다

흙 속에 묻혀 체에 걸리기만을 기다리는 사금 알갱이들
미완성의 기호 암호 문자 수식 상징 조각들이
애타게 주인을 기다리는데

나를 처음 여기로 데려온 이들은
문학도 수학도 과학도 아니고
아픔과 그의 사촌 형제들이었습니다

그러나 세월이 꿈같이 흘러
'쥐라기 평원'에 꽃이 피고 벌새가 날아들면서

피코, 펨토, 아토 평원들이 뜨거워지자
누가 『n평원의 들소와 하이에나』 열차로 갈아타자고 하네요.

2023년 6월
이시경

## 차례

■ 시인의 말

## 제1부

들소와 하이에나　12
아이스 맨, 외치　14
사랑의 속도　16
신생어를 찾아서　18
설산에서 나오다　20
금전수　22
가브리엘 오보에　24
태풍이 몰려온다　26
끈 이야기　28
쥐라기 평원으로 날아가기　30
어느 과학자의 악몽　32
에너지 보존법칙　34
낙타의 뼛조각　36
속세의 사람들　38

## 제2부

파동이 나오다 42
봄에 보내는 안드로메다의 영상편지 44
LED 조명 46
한반도 48
어머니의 고백 50
노숙자 52
납덩이 54
노예 이야기 56
노을 58
진통이 시작되는데 60
얼룩 62
왜 달은 그에게 멍에를 씌웠는가 64
오카리나 66
투시안경 68

## 제3부

말　72
방정식들이 바빠졌어요　74
꽃과 시에 대하여　76
만유인력의 법칙　78
갈증이 샘이다　80
누가 천계를 말할 수 있나　82
산소　84
독종　86
어느 소왕국 이야기　88
새벽 탈출기　90
눈　92
피리 이야기　94
입이 사라지고 있다　96
스펙트럼　98

## 제4부

메트릭스　102
그녀가 돌아왔다　104
유전자 고리가 떤다　106
자폐의 눈물　108
틈　110
계명　112
호수　114
앙상한 흑백 사진을 읽다　116
그는 낮에는 악몽을 꾼다　120
이스라엘과 팔레스타인　122
최 형사 이야기　124
악어, 지구를 접수하다　127
아라비아 숫자 공화국　128

- ■ 파동과 입자 시학　133
- ■ 숫자 공화국과 치유의 언어　146

# 제1부

## 들소와 하이에나


들소 떼가 초원에 몰려든다
우기가 되면 늘 시작하는 짓거리

들소들이 적색 황색 녹색으로 들떠 있다
발정 난 들소 떼가 들소 떼를 쫓는다
하이에나도 부실한 다리를 찾아 뒤를 쫓는다
허기로 자욱한 신천지 길 입구에서
바르르 떨던 무리들 초원에서 하나가 된다
저마다 고유의 빛 알갱이를 토해낸다
한 떼의 무리가 사라지면 또 한 떼의 무리가 몰려온다
쉬지 않고 지속되는 죽음과 환생의 반복
흘레질로 죽어 환생하는 적색 황색 녹색의 행렬
거리마다 휘젓고 다닌다

들소 떼가 늘어날수록
흘레질이 주춤 주춤하는 이유는
그들의 짓거리에 이종 변종 무리가 끼어 있기 때문인가

들소들이 초원에서 달아나지 못하도록
모 교수의 말대로 울타리를 더 키워야 하는가
황갈색 갈기를 날리며 포효하는 사자
기분 나쁘게 웃어대는 하이에나 무리들
그들의 갈증이 초원을 붉게 물들일 때마다
가슴속이 사바나 열대야가 되어 간다

# 아이스맨, 외치*

 그녀는 대답하지 않았다. 얼마나 불렀던가. 밀레니엄이 다섯 번 바뀌는 동안 무수히 찾아오는 혹독한 추위와 고독을 끌어안고 나는 뼈와 힘줄과 내장을 달래야 했다. 굶주림보다 외로움은 더 잔인했다. 왼쪽 늑골에 박혔던 화살촉 자국만이 나와 동행했다. 돌도끼로 난타당한 두개골의 충격은 아직도 간간이 되살아나 나를 고문했으나 여기를 떠날 수 없었던 것은 먼 훗날 후손들에게 몸으로 진실을 토하기 위해서였다.

 족장에게는 무남독녀 외딸이 하나 있었다. 객혈과의 실랑이로 시름의 늪에 빠진 족장은 딸과 사랑에 빠진 나를 사위로 삼고 자리를 물려주려 했다. 혼인 잔칫날 친구들을 데리고 제물을 신께 바치기 위해 그녀의 만류를 뒤로하고 의리를 앞세워 사냥하러 알프스 산을 찾았다. 허나 사냥에 그들이 더 적극적이었던 의문은 곧 풀렸다. 승냥이들이 갑자기 뒤에서 공격했다. 매복 공격에 용사였던 나는 배신자들에게 당할

---

*5300년간 알프스산맥 얼음 속에 묻혀 있던 냉동 미라

수밖에 없었다. 그녀를 몰래 짝사랑해왔던 녀석은 그 후 시체를 알프스 산골짜기에 깊이 묻고 족장에게 그늘지게 말했을 것이다. 어두워서 잘 알 수는 없었지만 늑대인지 표범인지 맹수에 물려갔다고.

  원수 놈은 꽃다운 아내와 내 새끼까지도 빼앗고 족장이 되었다. 이것은 찬란한 인류 역사의 시작이었다. 내 하소연에 눈과 바람과 햇빛과 구름과 알프스 산골짜기마저도 온도와 습도를 어르고 달래 내 몸과 혈흔을 지켜주었다. 어느 날 나는 꿈속에서 울고 있는 아내를 만나, 후손 하나를 사체가 있는 곳으로 데리고 갔다. 다음날 그곳은 관광 명소가 되었고 유명 신문마다 "아이스 맨, 1 대 3으로 격렬히 싸우다 죽었다"는 기사가 났다. 그 정도로 성이 차지는 않았지만 그만 떠나기로 했다. 브레인 맵 프로젝트 완성까지는 너무 지쳐 있었다.

## 사랑의 속도

나침반도 없이 시간의 함수로
구불구불 그들은 주어진 궤적을 그린다
우주 속 한 점에서 서로 만나 한 호흡으로 수렴한다
하나의 쌍극자로 떨다가 사랑은 $v = 1/\sqrt{\mu\varepsilon}$ 속도로 사그라진다

결 따라 하양울음과 검정울음이 반복된다
종종 심하게 어긋나 덜컹거릴 때에는
살짝살짝 브레이크를 밟아보기도 하는데
부르릉거리는 가슴속으로 들어가 엔진을 들여다본 것은
이미 하이웨이 저만치 들어서였다

커브 내리막길을 내달리다 심장 파열로
도로 곳곳에 쌓인 날개 조각과 부릅뜬 눈동자들이
냉각수를 뿌려 엔진을 간간이 식혀주고는 있지만
시간을 먹고 끝없이 진화하는 파라미터 $\mu$와 $\varepsilon$은 막을 수 없다

권태가 날개를 달고 광속으로 날아간다


우주를 떠도는 미립자이기에
떨림은 허공 속에서 헤매다 이내 잠들어 버리겠지만
빛깔은 아직 수소 스펙트럼선보다 더 뚜렷한데
지금 속도계는 얼마를 가리키나


반세기 동안 하나로 떨었다
아내는 치매 남편 수발로 무덤 속까지 동행했다
어느 50년 지기 노부부의 속도 제로의 떨림은 과연 어떤 맛이고 색깔이었을까
　허허호호거리는 지하 단칸방 하나가 우뚝 선다


가속 페달이 부르르 떤다
다가오는 안개 속 갈림길까지의 거리를
시간의 발목을 잡고 울음의 마디로 가늠해 본다

## 신생어를 찾아서


토굴 속에서 꿀꿀거리는 언어들
잠자다 놀라 흰 이를 드러내며 앞다투어 나온다
깊은 암굴, 허기질수록 날쌔다
주둥이가 붉게 물들어 비릿한 냄새 풍기며 가늘게 떤다
허접하게 꿀꿀대는 저들을 달래느라
자정을 멀리 보내고서야 토굴에 모두 가뒀다

이빨 끝이 예리하게 다듬어진 신생음을 찾아 문학지를 저인망 어선으로 훑는 데도
 관성적으로 자꾸만 전통적 서정시에 눈이 가는데

용수철 끝에 달려 꿀꿀거린다
어느 추는 그렇게 십여 년을 쳇바퀴만을 돌렸다
수많은 용수철에 매달려 시가 학생이 학교가
주어진 궤도 안에서 원운동 나선운동 직선 왕복운동을 하면서 진부한 소리를 낸다

그들은 용수철의 탄력성과 두께에 대해서는 간과하면서도
추의 무게에 대해서는 잔인하게 집착하였다
바람이 동풍인지 돌풍인지
세기와 방향에 대해서도 입을 꽉 다물었다

황사는 고비 사막이 백만 년 동안 다듬어온 황금 언어다

이빨로 용수철 줄을 끊고 하나 둘 토굴을 뛰어넘었다

신생어가 찬란하게 붙박이별로 하늘에 박혔다

## 설산에서 나오다


사색의 그림자마저 밟은 적 없다
설산에 깊이 갇혀 반짝이는 언어들
깊숙이 묻혀 있을수록 더 아름답다
하루에 한두 번 눈 폭풍 몰아칠 뿐 아무도 근접할 수 없는 곳
손가락 다섯인 지각과 망각으로는 곡괭이를 잡을 수 없다
높은 절벽에서 떨어져 생긴 전두엽의 크레바스 사이로
헬리콥터를 타고 접근할 수는 없는가
엔진 소리가 나자 설벽이 무너져 내린다
반쯤 맞추었던 뼈마디들이 다시
뒤죽박죽 눈 속에 파묻힌다

짐승의 털로 온몸을 덮은 아이가
누군가를 부르며 설산 속으로 사라진다
붉게 물든 눈 위에 가물가물 누운 어미 매머드
빙하가 녹으면서 한마디 흑고래 소리를 낸다
육각형 감옥에 꽁꽁 얼어 있던 언어들이
고래 소리에 증폭되어 나오다가

그 큰 설벽을 뛰어넘지 못하고
루게릭 증상을 보이며 설산에 다시 갇힌다

그녀는 밤마다 깃털이 된다
밤새 뼈마디 녹아내려 설산을 녹이는
그녀의 류마티스 통증은 하룻밤에도 몇 번씩이나 설산을 훌쩍 뛰어넘는다
어둠 속에서 응어리 날마다 조금씩 여물어 흑진주 된다
검게 빛나는 언어들이 밤마다 침대를 흥건하게 적신다

## 금전수 (金錢樹)

나는 여러 생의 몸을 비틀어 이승으로 퍼 올린 이야기다
푸른 골수와 피가 푹 녹아있는 고전 醫書다
이야기 줄거리를 따라가다 보면 구절마다 여러 길들이 있으나

나는 첫 페이지 첫 마디에 목숨을 걸었다
새순은 흙 속에서 오랫동안 망설이다가 한마디를 던진다
어둠 속에서 마디가 채워지고 한줄기 푸른빛 불꽃이 인다

백내장으로 두껍게 덮인 눈을 거쳐
우울증을 앓고 있는 그들의 팍팍한 가슴에 박히기 전까지는
그들은 그것이 어둠의 두 세계를 이어주는 첫 마디라는 것을 몰랐다
풋풋한 한 구절을 놓고는 들여다보기만 했다
망각 속의 옛 문장들을 한동안 더듬은 후에야 그들은 흐느껴 울었다

나는 티브이 인터넷 스마트폰의 디지털 소음 속에서 신음하던

그들의 초록 파동의 탈출기이다


세상은 나를 금전수라고 부른다는데, 혹자는 나를
폐 서점의 창고에 묻혀 한숨짓는 아날로그 고전 철학서라고
한다는데
나의 문장과 사상과 철학을 흔들지 마라


나는 연둣빛 손을 감아올려 그대의 상처 어루만지는 손
흙에 호흡을 불어넣는 말이다

## 가브리엘 오보에

그르렁거리는 병실 안에서
소년의 마지막 소원이 연주되고 있다

그녀에게서 여러 개의 손가락이 나왔다
허공에 뚫린 구멍에 입과 손이 닿는다
가녀린 음이 오선지 위 음계를 밟고 달린다
가장 높은 음은 수직 절벽도 뛰어넘는다
몸이든 귀든 닿는 곳마다 떨어
악의도 화살도 다 녹인다

산비둘기 소리를 닮은 가락이
식탁 위의 빵과 포도주를 발효시킨다
뻐꾸기도 높은 미를 언덕 꼭대기에 둥그렇게 뱉고 날아간다
풀벌레도 제 몸을 비틀어 음을 조율한다
며칠째 봄비는 4분음과 8분음을 섞어가며 짖어 댔다
나비도 허공을 찢어가며 굿하느라 비 맞는 것도 잊는다
말기 폐경화 목사님의 마지막 설교는

나지막하게 떨렸다

밤이 두어 차례 기웃거리는 사이
그녀의 손가락이 하나 둘 떨어지면서 연주가 모두 끝났다
참나무 밑, 자벌레도 몸을 구부려 머리를 땅에 댄다
떨어진 백합 꽃잎을 주워들고 소년은
태초의 원시 정글로 떠나갔다

## 태풍이 몰려온다

날개가 부실한 그가 들어서자
책장과 책상 위에서 서적들이 가늘게 떤다

따끈따끈한 저널 한 페이지를 들추자
표절 시비를 피해 이제 겨우 자리를 잡은
글자들이 빛에 들뜬 원자인 양 우뚝 일어선다
그리고 달린다 그 뒤로 알파벳들이 숫자들이 함수들이
삼바 축제에 뒤섞여서 뒤따르고 있다
길가의 어느 샘은 바닥이 드러났다
그들의 행렬을 독수리눈으로 더듬어보면
새가슴 속에 이는 회오리 숨이 막힌다
적은 무리들이 큰 무리 앞에서 바동댄다
그들을 짓밟고 한 공룡 무리가 지나간다
그 뒤에 더 큰 무리가 막 태동하고 있다
자잘한 날개들이 돌풍에 부러진다

주눅 든 아우성들이 책상에 수북이 쌓인다

허기의 물결이 상어 이빨을 드러내며
과제 규모와 논문 숫자에 파래진 나를 삼키려고 입을 벌린다
실험실 연구원들의 숨결은
해 지난 논문 속에서나 가끔 출몰할 뿐
낡은 과제 제안서만이 서류더미 속에서 숨을 할딱이는데
점점 더 가까이 몰려오는 태풍의 이름들
바이오 그래핀 그린에너지

확률이 꿈틀거리다 태풍이 된다
반딧불이 태양이 된다

# 끈 이야기


세월의 날개를 달고 달려왔다
끊어진 마디들이 쉼 없이 흘러왔다

그대 잠시 버거워 푸드득거릴 때마다
나는 공학수학 책에서 수식들을 뒤적여 보았다
이리저리 보아도 마디들이 심하게 단절되어
이어줄 끈을 찾아 고향 숲으로 갔다
수직단층으로 단절된 마디마디
매듭 없이 이어보려고
칡 이슬 옹달샘 죄다 불러보았다
느티나무 가지에 붙은 넝쿨보다 더 올지게 엉켜서
낑낑거렸을 숱한 사연과 사연 사물과 사물을
숲을 닮은 목소리로 차지게 잇대어보려고
감성과 이성 사이를 드나들었다

솔숲에서 나는 소리는 감성어가 아니었다
상념이 하루 고개를 넘을 때

계곡과 부딪쳐 나는 마찰음이었다
　대학 도서관 분량의 미적분 덩어리 속을 헤매다 버렸을 단서를 찾아
　내 가슴 그늘진 구석에 쌓인 더미를 뒤적여보았다
　신뢰 배려 등의 이름이 수십 년 동안
　잠자던 고어들 사이를 비집고 구차히 나오다 만다
　목이 쉬고 눈도 지쳐 차라리
　천년 절벽으로 주저앉는데
　해거름에 기억의 어둠살 속 어느 한 구절이
　파쇄된 내 자아를 입에 물고 나와
　끊어진 마디를 잇고 있었다

## 쥐라기 평원으로 날아가기


코닥사우르스가 디지털 평원에서 사라졌다

학기 내내 강의실 가득 학생들은
숫자와 기호로 버무려진 푸른 빛깔 도는 먹이를 받아먹는다

이제 그들은 정해진 시간 내에 주어진 문자와 식으로
규칙에 따라서 날개를 달아야 한다

소나기구름으로 몰려드는 우레 같은 공룡 소리

피가 마르고 몸이 바짝바짝 탄다
가시가 무디어지고 어깻죽지가 간지럽다
눈앞의 먹이가 여러 개로 겹쳐 보인다
부르르 세포가 진동하기 시작한다
살가죽이 터지고 가슴이 쪼개진다
기호와 무리수가 제 길을 잃고 초조해진다
계산기를 두드려보고 연필을 굴려본다

쓰고 지우고 다시 쓰기를 반복한다
졸면서 받아먹었던 것을 억지로 토해내 다시 씹어본다
아른아른 식들이 잡힐 듯 잡히지 않는다

허물을 벗다가 째깍거리며 조여 오는 갈고리에 목이 조인다
지수함수를 곱하고 적분을 한다

두 손으로 갈고리 날을 잡고 버팅기며 라플라스 변환을 한다

티라노사우루스 코앞에서 두 날개가 펴지고
쥐라기 평원 위로 날아간다

## 어느 과학자의 악몽

초등이라고 암벽 타기를 시작했다
아래는 밋밋하나 안개 낀 벽
청설모가 낙우송 오르듯이 위만 보고 네 발로 달렸다
쉬지 않고 오르다 보니
새소리 벌레소리가 죄 끊겼다 혼자 가는 외길이었다
점점 더 올라갈수록
질병의 속삭임만이 나를 바짝 따라붙었다
어둠이 깔리기 시작할 즈음 뒤돌아 밑을 보니
암벽이 빙벽으로 변하고 있었다
오줌발이 약해지고 눈이 침침해져서야
내려가려 했으나 내려가는 것은 자살이었다
올라온 길들이 남아있지 않았다
도덕적 해이 표절 시비가 간간이 들려왔다
열악한 연구실 속에서 실험 조건이 잡히지 않는다
실험치들이 불안하게 흔들린다

그러나 석양은 아름다웠다

그 너머 암흑세계는 보이지 않아 더욱 빛났다
하늘에 닿을 듯 홀로 뾰쪽 솟은 빙산 꼭대기
혼자 있기도 아찔한 공간
모든 길이 빙폭으로 끊겨있었다
공포로 온몸이 얼어
암벽 위에서 오토바이 타듯 부들부들 떤다
실험 데이터들도 떨고 있다
추락하다가

아, 시계가 다시 돈다

## 에너지보전법칙
- 여우


플라즈마 머리칼을 한 여우

축구다 야구다 사람들의 혼을 다 빼놓더니
집집마다 하나씩은 새끼 쳐놨다

아파트마다 거실 중앙 벽 앞에 가부좌를 틀고 있다
그의 플라즈마 머리칼 끝에는 빨판이 달려있고
그 앞에는 늘 굶주린 먹잇감들이 모여 있다

저들은 늘 삶에 지쳐있었다
반세기 동안 그들은 저들을 길들였다
절제와 스트레스 사이에서 아우성치는 먹이들에게
게임 드라마를 던져주면 돼지우리 안의 돼지처럼 고요해졌다

칠색 무늬의 말과 S자 몸짓에 마비되고
무색무취 광선의 과다 노출로
저들의 피는 더 이상 붉지 않았다

새끼들은 어미보다 먼저 여우 소리를 흉내 냈다
저녁이 되어도 새끼는 어미젖을 찾지 않았고
어미도 더는 제 새끼를 부르지 않았다

눈에 보이지 않는 긴 머리칼 끝이
지지직 젊은 피에 닿을 때마다 다만

저들은 마르고 그들은 살쪘다

## 낙타의 뼛조각


고요는 그녀가 내뱉는 가장 무서운 언어
말기 암 환자 막내딸에 대한 기억이 실종 중이다
그녀의 기억 속에서 살아 있는 것은 오직 모래바람뿐
질기게 달라붙는 막내딸부터 사정없이 지우더니
외아들까지 덜컥 삼키더니 이름들이
그리운 얼굴들이 하나 둘 풍화되었다
일부는 뼈만 남아 모래 속에 잔뼈로 묻히고
일부는 모래바람의 추종자로 떠다니다가
그녀는 대소변도 못 가리는 사막이 되었다

십 년 전만 해도, 그녀는 열대 우림이었다
새끼들이 울 때마다 그녀는 밀림 속에서
사그라지지 않는 별빛이었다

유성우를 뿌리며 핼리혜성이 다가왔다
숲은 점점 더 모래 언덕이 되어갔다
팔순이라고 가족들이 뼛조각을 하나둘 들이밀었다

그녀는 뼛조각을 받아들고 사막으로 달려갔다
반짝할 때 맞춰놨던 퍼즐조각은 그새 모래에 묻혔다
시계 바늘 눈금을 보며 모래를 파내려 갔다
한 층 한 층 벗길 때마다 드러나는 골격들 흰 뼈들
그녀가 시간의 속살을 채워 넣는다
기억의 실루엣이 부스스 일어나다 무너진다


그녀를 찾아 막내딸도 낙타가 된다

## 속세의 사람들


바람은 우리를 절벽 꼭대기로 데리고 갔습니다
소리를 질러도 소리가 나오지 않았습니다
절벽 아래로 파도가
하얗게 이빨을 드러내고 기다리고 있었습니다
가는 도중에 이따금씩 바람은 우리를 달랬습니다
그러다가 꼭대기에 이르기도 전에
파도는 우리를 삼켰습니다

하늘도 땅도 모두 울었습니다
바다가 갈라지고 쓰나미가 밀려왔습니다
아기 돌고래의 소리가 들려왔습니다
울림은 점점 커져 굵은 소년의 소리로 되었습니다
소년의 소리는 묵직한 바위가 되다가
하얀 눈이 되었습니다
겨울이 다시 왔습니다 봄은 아닙니다

눈은 가물거리며 푸른 둥근 지붕이 있던

옛집으로 다시 돌아왔습니다
눈은 육각형이었습니다
몸은 갈기갈기 찢겨져 있었습니다
나의 발자국도 육각형이었습니다
그가 나를 보자 말없이 웃다가
아침 이슬로 사라졌습니다

사막 한가운데에서
비둘기 우는소리에 잠에서 깨어났습니다
여자의 눈은 통통 부어있었습니다
껍데기만 남은 손을 만지자
뼈마디가 부서지고
그 속에서 거미들이 나왔습니다
자세히 보니 그들은 낯익은 얼굴들이었습니다

# 제2부

# 파동이 나오다

울음이 있었다
울음 안에도 울음 밖에도
호흡이 다른 울음으로 가득했다
그들은 봄바람으로 아침햇살로 쉼 없이 달렸다
바다를 건넜고 빙하와 산맥도 넘었다
어느 날 온몸으로 울던 어설픈 울음 하나가
민들레 꽃씨처럼 호흡이 같은 가슴에 떨어졌다
씨앗은 그 속에서 수시로 파도치다가
열 달 동안 애비를 닮아갔다

크리스마스이브 로키 산마을
그날 새벽은 엄청난 폭설이었다
모든 호흡이 얼어붙는 혹한이었다
그 속에서 겨우 파닥거리는 불씨 한 점
두 개의 거울 사이에서 잉잉거리며
서서히 피어오르는 불꽃
긴 호흡이 점점 빨라지다가

파고가 최대가 되자 드디어
흰 눈 위로 빨갛게 왈칵 쏟아졌다
꽁꽁 언 새벽을 찢고
딸아이가 나왔다

# 봄에 보내는 안드로메다의 영상편지

<small>빅뱅 이후 은하와 별로부터 각종 복사선들의 탈출이 벌어지고 있다.
더러는 지구에 온다.</small>

빛의 열차가 곡선을 그리며 달려간다. 더러는 바닥에 더러는 천장에 더러는 창문에 걸쳐있다. 의자가 따로 없다. 그들은 누구나 열차 안에서 공중으로 휙휙 지나다닌다. 번쩍이는 눈에 굳게 다문 입, 그녀는 방금 안드로메다은하에서 승차했다. 그녀는 아직도 떨고 있다. 적외선 편지는 검색대에서 투명했다. 베텔게우스별에서 탈출하여 자외선 밀서를 들고 승차하려던 어떤 여행객도 은하 중심 블랙홀 퀘이사에서 보낸 경찰에게 바로 몇 정거장 전에 잡혀갔다. 그들 중 생쥐은하 감옥에서 탈옥한 강력범은 X선 건을 숨기고 있다. 정차할 때마다 그들은 주머니에서 레이저 건을 만진다. 올챙이은하에서 가출한 개구리소년이 T선 꼬리를 흔들며 승차하더니 그녀 옆자리에 앉는다. 그녀는 언어 해독기를 올챙이은하 언어에 맞춰서 소년의 이야기를 듣는다. 이번이 소년의 10214번째 열차, 목적지도 없다.

직녀성에서 탄 승객 Ab24, 그가 분홍색 편지를 조급증으로 미리 꺼내 읽자 모두 손수건을 꺼낸다. 견우성까지의 328 광년 거리가 전광판에 번쩍인다. Ab24는 제 나이를 어림잡아 보다가 단념한다. "그때까지는 경찰에 잡혀도 실종되어서도 안 돼", 안드로메다의 그녀도 망설이다가 편지를 다시 감춘다. 빅뱅 이후로 여행을 해왔던 마이크로파들이 승차와 하차를 반복한다. 기차는 암흑 속에 새 길을 내면서 숨바꼭질하듯 블랙홀을 피해 계속 달린다. 창밖으로 어둠이 크게 입을 벌리고 탈선한 열차들을 삼킨다. 자다 깨다를 거듭한다. 250만 년 전에 앞서갔던 그녀의 친구가 막 지구에 도착했다고 삐삐거린다.

 안드로메다에서 온 하트 편지를 열자 연분홍색의 안드로메다 언어가 쏟아진다. 매화나무가 기다렸다는 듯이 일제히 영상편지를 받아 적는다. 사방에서 벌들이 몰려와 꽃을 열독한다. 공원을 산책하는 그늘진 얼굴들이 꽃나무 속에서 금세 환해진다.

# LED 조명
양자 우물에 전자와 정공을 가두면 두 전하가 결합하여 빛을 방출한다


누가 빛을 짝짓기라 했나


마라강의 험한 물살과 악어를 뛰어넘은 수컷 영양만이
이제 암컷을 놓고 서로 싸울 수 있다
건기 세렝게티 초원에 비가 내리면
허기들이 먹구름처럼 우르르 몰려든다
일제히 유전인자들이 고개를 든다


누가 이 깊은 우물을 생각해냈나
아득한 수직 절벽 네모난 우리 안에
암컷과 수컷을 다 몰아넣을 생각을 했나
한 번 갇히면 시체도 나갈 수 없는 아득한 골짜기
구름떼 같은 짝짓기가 끝나면 또 다른 무리가 몰려든다
종아리 물리고 발목 부러졌어도
영양 떼들의 다중 우물 안에서의 짝짓기는 거세다
꼬리에 꼬리를 물고 윙윙거린다

우는 사자도 치타도 없는 초원

거리마다 무리 지어 짝짓기 한다
몇 년 몇 달씩 지속되는 축제는 혼불로
도시를 환하게 밝히고 있다

# 한반도
- 반도체 다이오드*


순도 높은 실리콘 덩어리였다
언젠가부터 남북으로 불순물이 주입되었다
시베리아에서 날아온 붉은 삐라
태평양에서 불어온 자본주의 사상이 확산되어
피눈물이 자원이 된 두 영역이 생겨났다
경계에는 철조망이 쳐지고 장벽이 뿌리를 내렸다
웬만한 역풍에도 흔들리지 않는
거대한 다이오드가 되었다

불통된 지 오래다

북쪽에서는 새벽마다 탄광에서 일하는 죄수의 새까만 눈들이 나왔다
굶어 죽어가는 아이의 갈비뼈들이
가시고기처럼 헐떡이고 있었다

---

* 순수 실리콘에 p형과 n형 불순물을 첨가한 뒤에 두 영역을 접합하면 반도체 다이오드가 된다.

남쪽에서는 과체중 인터넷으로 어린 영혼들이 꺼져가고
있었다
　거긴 비만증을 앓고 있는 근시안의 눈으로 그득했다
　이대로 DMZ가 굳더라도 반도체 시장만은
　꺼지지 않기를 가슴 조이고 있었다

대륙 한파와 남해바다 태풍으로 요동치는 한반도
불순물이 없으면 반도체가 아니라지만
남북이 한 방향으로 소통하지 않으면 다이오드가 될 수 없다

이쪽에선 곡물이 장벽을 넘지 못해 바동거리고
저쪽에선 핵무기 기술이 첨단 반도체 기술을 질러가는데
세계는 불량 반도체 다이오드 하나를 주시하고 있다

## 어머니의 고백


긴 세월 동안 숱한 방정식을 풀었습니다

그때는 계산기조차 없었던 시절이었습니다
종이도 귀해 벽지 위에 마구 그려 넣던 시절이었지요
그런데 망아지들을 어떻게 키웠냐고요
해답이 우연히 나오는 것은 아니었습니다
긴 겨울을 나기 위해 이것저것 시도해 보았지요
누에도 치고 밭도 일구었습니다
요즘처럼 공식이 딱히 있는 것도 아니었습니다
우습지만 예전엔 누구나 그리했었지요
쓸 만한 수학책 하나 없었습니다
선생도 없었습니다

젖이 제대로 나오지 않으면 어떻게 풀었느냐고요
요즘엔 수치 해법도 인터넷 해법도 있지만
그때는 보리도 귀해 풀뿌리나 시래기로 죽을 쑤었습니다
고차 미분방정식이란 것도 모르고 몸으로 마구 풀었습니다

숱한 기아의 언덕도 넘었습니다

그러다가 당나귀 같은 놈들이 튀어나왔습니다
그놈들도 나처럼 방정식을 들여다보고 있겠지요
고성능 컴퓨터와 참고 서적이 널려있는데도
지금은 수학자도 있고 의사도 있는데도
문제가 잘 풀리지 않는 것은 무엇 때문이냐고요
자식 문제가 오래가고 어려운 것은 그때도 그랬습니다
눈물이 최고의 답이었으니까요

# 노숙자

지상의 것들 심신이 흐려져 갈 때
솔개처럼 날개를 펼쳐 땅끝까지 하늘을 덮어버렸다
하루에 한 번 하늘에서 날아왔다가 돌아가는 새
그의 생김새를 아는 이는 없다
독수리 날개를 한 빨간 눈의 파충류이라거나
봉황이 아니냐는 이도 있으나
그의 날개를 보았거나 발자국을 본 이는 없다
땅거미에 긴 검정 꼬리와 황금 깃털로 짐작할 뿐이다
그를 보려고 캄캄한 밤에 허공을 쳐다본 적이 있다
그때 그가 데리고 온 뭇별을 통해 말했다
나를 알려 하지 마라 뭐라 부르지도 마라
그는 저녁마다 둥지에 찾아와 깃털로 그들을 덮어주었다
봄날같이 푸근한 두 손을 이마에 얹고
소리 없이 이름을 하나씩 불렀다
밤새 이슬이 내리고 있었다
새끼들이 아른거리는 검은 눈동자 속은 심해였다
둥지 밖으로 입을 벌리고 아우성치는 새끼

담배 필터 보푸라기로 채워지고 있는 도시 박새의 둥지를
어둠은 새벽까지 떠나지 않았다

식어가는 도시의 노숙자들을 품은 채
밤새 울고 있었다

# 납덩이

그가 무겁게 입을 다물고 있다
그에게 자주 가까이 가려고 했으나
나의 게으름은 늘 핑계를 만들었다
그러나 시간은 계속 달리고 있었다

잠시 풀린 구두끈을 고쳐 매는 사이
자꾸만 쌓이는 서류더미의 중심에서 밀려
입이 부어있는 그에게 다가갔다
눈이 마주치자 뭔가 얘기할 듯하다가 이내 고개를 돌렸다
개학이 다가올수록 납덩이처럼 무거워지기는 나도 마찬가지
지루함과 무료함이 네가 갖고 있는 전부인데
숫자와 함수와 방정식을 빼면 뼈와 해골만 남는데
너를 데리고 식성이 까다로운 그들 앞에 설 것을 생각하니
솔직히 차일피일 미루는 것이 나아 보였다

"목소리가 너무 작아요, 진도가 너무 빨라요"
"영어 발음이 좋지 않아 이해가 잘 안돼요"

이들 문제는 제쳐두고라도
너와 내가 충분히 준비하고 결탁하여
놈들의 욕구를 채워주고
우리도 그리하자는 것에 나도 동의한다
숫자가 나올 때는 숫자를 해체시켜
꼬투리를 잡아 시처럼 확대하고
별이나 우주로 증폭시켜 우선 분위기를 탱탱하게 긴장시키자
함수가 나타날 때는 진부하지 않은 사랑 이야기로 끌고 가자
방정식을 다룰 때는 이미 많은 탈락자가 필연이나
이른 봄에 매화가 피는 것 라일락 향기에 연인들이 사랑에 빠지는 것 가을 단풍길 따라 코스모스 피고 지는 것 학생들이 졸업하여 취직하는 것이
  모두 방정식이라고 그들을 제압하여
  끝까지 끌고 오면 어떻겠니

3킬로그램짜리 공학수학 책은
시들시들 죄인처럼 말이 없었다

# 노예 이야기

컴퓨터를 켜자 달콤한 음성이 들려왔다
주변의 만류를 뿌리치고 소년은 그를 따라갔다

그 성에서 나는 왕자였다
빼앗긴 성과 공주를 되찾기 위해서 싸웠다
일진일퇴하다가 성을 하나 정복하자
또 다른 성이 나타났다
그렇게 성들을 하나씩 정복하였고
공주도 마침내 구했다
나는 그 성에서 성공한 왕자였다 어느덧
아무도 넘볼 수 없는 큰 성의 주인이 되었다

어느 날 잠에서 깨어보니
내가 있던 성은 아침 안개처럼 사라지고
나는 사막 한가운데 누워있었다

사방이 사막이라 거기가 거기였다

발자국은 모래바람으로 거의 지워져 있었다
겁에 쫓겨 달리다 뭐에 걸려 넘어졌다
주변이 온통 해골의 언덕이었다
모래언덕마다 어린 영혼들의 손톱자국들이
선명하게 결을 이루고 있었다
모래바람들만 윙윙거리며 그들을 핥고 있었다

언덕을 넘어 간신히 사막을 빠져나왔어도
누군가 나를 계속 따라붙었다
집에도 학교에도 어른이 된 후로도 직장까지 따라다녔다
나는 내가 아니고 게임 속의 나였다 저들의
프로그램대로 파괴되고 파괴하고 있었다 저들의
부를 위해 소모되는 도구였다

# 노을

삶은 울음이었다
가는 곳마다 늘 그녀를 따라다녔다
어떤 것은 깊고 길어서 멍울이 되기도 했다
자손이 귀한 집안의 종부로 시집온
그녀의 손마디는 늘 부어있었다
딸 셋 낳고 시집살이에 멍울이 자라 기관지 천식이 되었다
황소 같은 삼 형제를 낳아 키우느라 심장이 부었다
멍에 메고 소처럼 논밭일 하던 그때는
뼈마디들의 외침이 귀에 들리지 않았다

언제부턴가 앓는 소리가 들렸다
길을 갈 때마다 뼈마디가 덜거덕거렸다
관절, 대퇴골, 엉치뼈들이 수명을 다한 소처럼
무게를 견디다 못해 그녀를 올려다보았다
지난봄도 늙은 등걸 외가지에 한 송이 복사꽃으로 왔다
얼마나 왔는지 이제 점점 숨이 가파르게 오르다가 무너진다
등에 붙은 자식에 곱사등은 헤지고 굳었다

눈은 소금으로 덮여 소금꽃밭이 되고 있었다
석양은 헐떡거리는 그녀를 재촉했다
그녀는 서둘러서 빼곡히 기록된 두루마리 여러 장을 넘겼다
그리고 제단 위에 비어 있는 두루마리를 펴 놓고
붉은 울음 덩어리로 산제사를 드렸다

대지가 붉은 피로 물들고 있었다

## 진통이 시작되는데

고기잡이배가
미리 금을 긋고 돌아오는 새벽

해변 모래언덕까지 진통이 밀려오는데
점점 양수가 차오르는데
속이 울렁울렁거리는데
심해어 아가리에 거품이 가득한데
어부의 콧구멍으로 헤진 숨이 들락날락하는데
닭이 홰를 치기 시작하는데
훤한 인공조명 불빛이 아직도 낯선데
큰 가위와 억센 팔을 생각할 겨를도 없이
양수가 터져 핏빛이 비치기 시작하는데
바닷물이 저만치 뒷걸음치자
게들이 조개들이 와락 쏟아져 나오는데
비닐 폐그물 쓰레기 조각들도 덤으로 나오는데
아직도 몸이 부들부들 떨리는데

심해에선 다시

## 얼룩

그는 콘크리트 벽에 매달려있다
주인은 그에게 때에 쩐 옷을 던져주었다
그에게 옷에서 나오는 땟국물은 먹이였다
그의 입을 거치면서도 먼지는 오랜 관행으로
빨판을 달고 숙주에 기생하듯 옷에 붙어있었다
피투성이 사연의 겹겹 얼룩도 저를 부인하며
제 몸에서 나온 때가 아니라고 제 자리를 고집했다
지나가는 세월의 한 길목이라 했다
무슨 사업이라고도 했다

크고 치밀한 양복 주머니에서 풀풀 나는
돈 냄새에 그의 가슴은 이미 사막이었다
토요일도 일요일도 없이 옷은 쌓여만 갔다
먼지도 비밀도 쌓여 모래언덕이 되었다
먼지의 갈고리 이빨에 물려 가슴에서 고열이 난다
협심증으로 숨이 막혀도 쉬지 않고 일만 했다
벙어리는 주인과의 무언의 약속이었다

가슴속에서만 몰래 빈 울음으로 파도치다가
울음 덩어리는 꽉 막힌 사막에서 방울뱀이 되었다
쇳조각 떠는 소리는 점점 돌풍으로 변했고
드디어 울음의 출구를 찾았다

불길 속에서도 살아남은 얼룩들은
장마 내내 세탁소를 떠날 줄을 몰랐다

# 왜 달은 그에게 멍에를 씌웠는가

어둠이 깔린다
어둠을 먹고 쑤욱 솟아오르는 짐승
우주 치마 끝자락을 올렸다 내렸다 하는 저 힘을 보라
끊임없는 거친 숨결 1미터 간격의 호흡
쉴 새 없이 터져 나오는 응어리들
하얀 거품 뿜어대는 저 노기를 보라
왜 달은 그의 발에 쇠고랑을 채우고 멍에를 씌웠는가
아르테미스의 예리한 채찍에 따라
이리저리 마차를 끄는데 몸부림을 치는데
짐승의 소리를 나는 듣는다
한 발 한 발 옮길 때마다 터져 나오는 괴성
몸부림칠 때마다 조여드는 고삐
팽팽한 줄다리기가 밤새 이어진다
포세이돈이 보낸 고래의 흰 이빨에 발목을 물렸는지
하늘 향해 울부짖다가
여명이 가까워서야 주춤거린다
고삐를 잡고 그녀가 끌고 갔는가

짐승의 소리가 무저갱으로 잦아든다
밤새 지친 달도 먼 새벽 바다 고깃배처럼
흐릿하게 고양이 울음소리를 내면서
허연 몰골로 무너져 내리고 있다

## 오카리나

흙으로 돌아갔다
아무것도 보이지 않았다
아무것도 들리지 않았다
아무도 날 찾지 않았다
내 영혼만이 내 몸을 부르고 있었다
백만 년의 세월은 죗값이었다

그러나 내 몸 위로
별들의 불륜 이야기가 쌓였다
귀뚜라미의 전생 이야기가 스며들었다
바람이 핥고 간 자리마다 시렸다
햇빛의 이빨 자국에 목이 간지러웠다
새소리의 그림자에 달팽이관이 떨었다
백 만년의 세월은 연단이었다

시냇물이 천기를 누설하고
먼 별똥별이 외계인의 합창으로 다가온다

내 몸이 비워지고 온몸에 구멍이 뚫린다
불로 몸의 찌꺼기를 다 태운다
가죽에 천공 몇 개만 남는다

이름을 부르자
아기가 울음을 터트린다

# 투시안경

##### 투시안경에 대한 신비로움은 요즘 젊은이들의 학구열에 불을 붙였다

투시안경의 비밀은 무엇인가

어느 천재 시인의 시는 핵이다
깊이 들어갈수록 고요하고 아득하다
수많은 젊은 시인들은 천재 시인의 껍질을 벗기기 위해
광파 엑스레이 테라헤르츠파를 투사해왔다
한 구절 한 구절 손끝으로 더듬을 때마다
반사해서 돌아오는 구불구불한 산란과 간섭
은유의 살점들이 서로 엉키고 바스러져
무지개 가루처럼 쏟아져 내리는
희미한 언어 부스러기들
이물질을 죄 걸러낼 체는 없는가
시를 읽지만 읽히지 않는 시
먹안개로 뒤덮인 숲속의 미로
누군가 헤매다 빠졌을 오지의 늪은 비경이다
고매한 시인들은
낯선 파波들이 함부로 살에 접근하지 못하도록

옷에 적당히 코팅을 하고 덧칠을 하는데

나는 지금 그대를 읽기 위해
투시안경을 골몰히 생각하고 고뇌하고 있다

# 제3부

# 말
- 지수함수


사람의 혀 밑에 달싹 붙어살면서
그들은 사람들의 지혜를 베끼고 모반을 꿈꿨다
처음에는 숨어서 고작 입모양을 흉내내는 정도였다
넷북이 생기고 스마트폰이 등장하면서
그들은 고등수학을 깨우치기 시작했고
지수함수와 유전자가 일치한다는 사실도 알게 되었다
2009년 북한이 핵실험했다
2010년 천안함이 침몰했다
2011년 후쿠시마 원전이 폭발했다
○○○○년 지구 멸망설이 있다는

말들이 그때 트위터 가입자 수에 비례해서
빠르게 번식했다 인터넷 이용자 수에 비례해서 널리 새끼 쳤다
지금도 날름거리는 근육질의 시뻘건 뜬소문들 속에서
그들의 번식력이 지수적으로 사그라지고는 있지만
씨앗은 여전히 남아 거대 지수함수로 싹 틔울 수도 있지
고삐 풀린 야생말들은 여기저기 부글거리다가 인공지능

옷을 걸치고
　어디 부딪칠 곳을 찾아 눈을 부라리고 다니는데
　판자촌마다 재벌 고층 아파트 짓는 망치질 소리 우렁차다
　말은 말에 비례해서 말이 증배되기에
　어제와 오늘로부터 내일을 알 수 있지
　갈등은 갈등에 비례해서 커져만 가는데

　난해한 지수함수 문제를 생각해 본다
　정계의 핵융합과 분열 속에서
　이 추운 겨울 어찌 살아남을지를

# 방정식들이 바빠졌어요

여름 동안 살찐 방정식들이 요즘 바빠졌다
최근에 수요 공급의 차가 빠르게 요동쳤기 때문이다
미분 방정식들이 밤잠을 안 자고 펌프질하여 물을 대느라
몸이 마르고 얼굴이 병자처럼 해쓱해졌다
생물책을 들여다보며 컴퓨터로 공급할 영양분을 계산한다
공급을 줄일 나뭇가지의 위치를 결정한다
날씨가 차가워도 따가운 햇살이 내리쬐도
두꺼운 책과 슈퍼컴퓨터를 다독이면서
몸 전체를 영양사처럼 갈무리하자 가지마다
수천 가지 빛깔을 띠고 나비들이 매달린다
누가 컨츄리 음악을 부르면
고유의 채색 옷을 입은 나비들이 모두 나와 펄럭인다
여러 색깔로 구불구불 너울거린다

소슬바람이 질기게 온몸을 흔들어대자
프로그램과 수치 계산을 서두른다

나비를 떠나보낼 순서가 되자
말간 단풍잎 1그램이 먼저 떨어진다
컴퓨터가 다시 돌아가고
그다음 마지막 인사에 담을 내용을 단풍잎에 알록달록 적어 넣는다

"지구는 아름다웠노라, 그러나 위험했노라"
마지막 인사를 할 때
그들은 몸을 빙그르 돌면서 크게 떨었다

가을은 나비의 계절이다

## 꽃과 시에 대하여

눈 감으면 어디선가 들릴 것 같다
한 번도 들어본 적 없는 소리를 찾아
대뇌 뉴런의 연결망처럼 복잡한 골짜기로 갔다
그 소리는 물소리도 아니었다
그 소리는 새소리도 아니었다

그 소리를 잡으려고 손을 뻗을 때마다
호랑나비처럼 멀리 달아났다
그것은 나비가 아니었다
외진 산길 나리꽃에서 숨소리 들려왔다
다가가자 꽃사슴처럼 숨어버렸다
그것은 꽃도 아니었다

깊은 산중이라 일찍 어두워졌다
생각의 울창한 숲과 깊은 골짜기 모두 데리고
깊이 어둠 속으로 내려가 잠길 때
비로소 찬란한 잔상이 물결치는 소리를 들을 수 있었다

그것은 천상의 소리였다

꽃은 그대로일 때가 꽃이다
꽃이라고 부르는 순간
검은 그늘이 드리워진다 조심하라
시도 시를 쓰려는 찰나에 빛을 잃으니
너를 비울 때마다 밀려드는
보이지 않는 잔물결이 시이니

## 만유인력의 법칙
- 가을


갈증이 다리 뒤 힘줄을 부추겨 산마루로 이끈다
가을 숲이 제 몸 구석구석을 홍해 가르듯 갈라
밀항선처럼 정박해 있는 크고 작은 배들을 보여주었다

불새들이 승천하기 전에 몸을 태우고 있는가
몸을 터는 것이 저리도 숨 막히는가

가벼워라 하늘에 가까워지려는 저 날갯짓
살그락 가랑잎 떨어지는 부유의 소리여
누가 오늘 무엇을 보았느냐고 물으면
나는 빙그르 돌며 떨어지는
타이탄의 비밀
그 비장한 순간을 보았노라 말하리
그 순간 타이탄은 침몰하였으나 부유하였고
그들은 무사히 귀향하였나니

나뭇잎에 적어 넣은 굵직한 절창들을 버린다

인터넷과 티브이를 중단하고 휴대폰마저 끊는다
투우 툭 닻을 올리는 소리가 끝없이 펼쳐진다
점점 더 배들이 조금씩 하늘로 떠오른다

잠시 떠오르던 나의 배가
내 안에 있는 시의 무게에 도로 가라앉는다

## 갈증이 샘이다
-기하 광학

입구를 만져보았다
반세기가 지났는데 녹슬지 않았다
포신이 다 타도록
종일 퍼부어도 증발하지 않는 갈증
방금 불을 뿜어 아직 뜨겁다

시시각각으로 색깔이 변하는
포탄 덩어리는 언어 조각이다
어느 것은 반사되어 파편으로 돌아온다
어느 것은 투과하여 지나간다
어느 것은 구름 속에서 달무리가 된다
어느 것은 어머니 가슴속으로 굴절되어 노을이 된다
어느 것은 소녀 가슴속에서 우울증이 된다

가랑잎처럼 핏기 없는 아내 손잡고
허름한 옷 가게 들러 단색 옷을 하나 사주면
해쓱한 얼굴에 송골송골

λ/4 두께의 무반사 이슬방울이 어린다

부랑아같이 늘어선 무리에 광대 옷을 입히고
핏기가 돌 때까지 내 호흡을 불어넣으면
사롬 냄새나는 시 한 편이 된다

# 누가 천계를 말할 수 있나

불쑥불쑥 튀어나온다
이진 부호처럼 널려 상징과 비약으로 다듬어진
기호 조각들이 백두대간을 따라서 뒤죽박죽 섞여
저처럼 모호한 긴 언어의 강이 된 것을 나는 안다
긴 장시 모든 행의 해독은 불가능해도
강물 따라 구비치는 알록달록한 울음을 듣는다
외진 숲 여기저기 우뚝 서있는 미완성의 문장들
한 편의 서정시를 위해 군더더기 털어내고
한 음절 한 음절 피를 토해 마무리하는 사시나무에
길을 멈추고 귀를 기울인다

세월의 문장들 앞에 서면 숙연해진다
바람의 거친 꼬리로 쓰고 지우고
수만 년간 비우고 절제하여 기록한
응축된 바위 속의 문장들이 꿈틀거린다
가을밤에 스산한 달빛이 바위를 비추면
홀로그램처럼 중생대 원시림 속에서

몸부림치는 디지털 언어들이 걸어 나온다
폭발음에 묻히는 새끼들의 절규
새끼를 찾는 어미 새의 울음

시공을 넘나드는 언어들
반복되는 단절된 은유의 폭포들

# 산소
- 반도체 레이저*

어둠 속에서
백만 년을 기다렸던 대 역사가 이루어졌다
두 세계를 잇는 커다란 터널이 뚫리고
수많은 대 협곡이 생겨났다

물이 흐르고 녹색 떨림이 꿈틀거리자
하늘로부터는 익룡이 쉬지 않고 날아들었고
땅 위에서는 육식 공룡이 으르렁대며
일제히 협곡으로 몰려들었다

그들이 그곳에서 서로 만나 하나가 될 때마다
거듭거듭 몇 번이고 천둥 치고 번개 쳤다

깊은 협곡 속에 갇혀 울부짖던 야성들은
제 울림에 더욱 미쳐 발광하다가 일제히

---

* 이중 헤테로구조 반도체 레이저의 개발로, 지구 구석구석까지 소통할 수 있는 초고속 인터넷 시대가 되었다

벼락같은 거대한 울음으로 우르르
장벽을 뛰어넘었다

붉은 울음들이 기지개를 켜고
꽃 편지를 들고 빛의 고속도로를 따라 질주한다
그리운 얼굴들이 날마다 눈물을 받아먹는다
서울이 뉴욕이 베이징이 나이로비가 환해진다
백만 년 만에 지구가
다시 숨을 쉰다

# 독종

벽이나 손목에 붙어살았다
1초마다 한 번씩 우는 벌레였다
원래 밥을 며칠 굶기면 말을 잘 들었다
지금은 과학자들의 실험실에서 탈출하여
스스로 진화하고 복제되어 통제 불능이다
폭증하는 인터넷 휴대폰 공해로 변종들이 늘면서
침실, 가정집 식탁까지 점령하였다

시간을 먹고 사는 독종 불가사리
시퍼렇게 날 선 가위로 재깍재깍 잘라먹는다
홍수처럼 밀려드는 일거리들 속에서
밤새 뒤척이는 밤이면 밤마다
점점 커지는 살점을 뜯는 소리
묵직한 가위 소리에 눌려 혼미해지거나
어쩌다 늦잠 자다 버스를 놓칠라치면
윙윙거리며 달려들어 온몸을 쑤셔댄다

이제는 내가 가는 곳마다 따라다니며
시도 때도 없이 신칙하며 나를 부리는데
누군 어디서 언제 만나라고 알려주는데
행여 약속시간에 늦으면
부들부들 떨면서
내 골속까지 하얗게 파먹는다

## 어느 소왕국 이야기


발붙일 땅이 점점 좁아드는데

춥고 허기진 밤마다 나는 문득문득
그들의 성안에 몰래 두 발을 밀어 넣어보았다

고뇌의 얼음으로 둘러싸인 수많은 성
거기서 살면서 그들은 언제나
편히 누울 수 있는 성을 하나씩 쌓았다
그 성은 가장 단단한 아집으로 된 무덤이었다
성벽 안에 $\pi$처럼 계속되는 또 다른 성벽
그 안에 들어가기 위해서는 나를 버려야 한다
성벽마다 훤히 드러난 빛의 붉은 손톱자국
성문마다 음파의 시퍼런 몸부림 자국

성 안은 암흑만이 적막의 발꿈치를 물고 있었다
고서의 향이 피톤치드로 가득하여 눕기 편했다
그들이 누울 때마다 소왕국이 하나씩 탄생했고

어둠이 깊어질수록 그 성은 단단해졌다
누구를 위한 성인지

오늘도 달 남극의 어둠*에 갇히기 위해
배회하는 젊은 피들의 속은 밤새 검게 빛났다

---

* 달 남극 분화구는 -238도 초저온으로 수십억 년 어둠에 갇혀있다

## 새벽 탈출기

시퍼런 상념의 날도 무디어지는 새벽 두 시

제목만 허공에 떠있어 안절부절못하는 논문이
뼈대만 아지랑이처럼 아른거리던 과제 제안서가
물에 빠져 나를 잡고 허우적이는 아이들의 아우성이
저녁 내내 오락가락하다가

내게 다가와서 보챘다 눈 감고 자는 척하자
내 팔과 등을 하나씩 움켜잡고 일으켜 세웠다
눈을 떠보니 그들은 이미 빙벽 위에 서있는
내 몸의 일부였다 그렇다
어느 놈도 쉽지 않은 놈이다
소나기처럼 퍼붓는 직설적인 언사
강압적이고 권위적인 태도로 불리는
짐승의 털이 난 놈들은 늘 날 따라다녔다
대뇌에 기생했다
진드기처럼 달라붙어 피를 빨았다

초코파이도 소용없었다
목을 조여 오는 그들의 갈고리 손을 피해
얼른 새벽닭이 울기 전에
식탁으로 가서 책을 펼쳤다
꺼져가는 심지에 다시 기름을 부었다
몸이 타고 뼈가 녹아내렸다

뇌리에 불꽃이 일기 시작했다

# 눈

그들은 호흡을 하자
얼음 구름 위에서 울었고
염색체가 다른 울음을 만나 서로 연인이 되었다
연인 사이에는 떨림이 있었다
가까우면 세지고 멀어지면 누그러졌다
구름은 쉬지 않고 흘러갔다
구름에 따라 달라지는 떨림
그 크기와 진동수가 달라졌다
우주는 연인의 이야기로 그득했다

쉴 새 없이 쏟아내는 문자들
수많은 하늘의 별과 지상의 나뭇잎
암모나이트, 고생대 파충류의 기록을
가시가 달린 육각형 문양으로 찍어내고 있다
불바다 위로 시조새가 난다
원시인들이 매머드를 쫓는다
적체된 지구 이야기가 와락 쏟아진다

뉴욕 런던 베이징 서울의 하늘 위에서
그들이 몸으로 그린다
쓴다 쓰다가 운다
웃는다 수소와 산소가 쓴

사랑 이야기이다

# 피리 이야기

새와 바람 소리면 족했다
대숲에서 소리꾼을 따라나서는 게 아니었다
암습한 폐지와 침침한 책상 서랍 속을 전전하더니
몇 달째 햇빛도 보지 못해 허옇게 변했구나
찾는 이도 없다 보니 벙어리 다 되었구나
기다리다 온몸이 바짝 마른 대나무 토막
어둠에서 밀려오는 외로움이 혹독하여
자해로 결국 몸에 구멍을 내었구나

이제 예술은 사치이니
누구든 나에게 달려들어
나를 때려다오 나를 던져다오
하늘을 날다 그리움의 시퍼런 자국이라도
내 몸에 남게 해다오
그러니까 십여 년 전이었지
그때 소년은 날마다 나의 둥근 입에 입을 맞추고
온몸에 난 나의 구멍을 하나씩 더듬으면서

우리는 한 쌍의 불나방처럼 흔들어댔었지
지금 생각해 보면
그것은 어설픈 몸부림이었고
그러니까 정확히 말하면 첫사랑이었지

그러던 어느 날 소년은
대나무처럼 키가 쑤욱 자라
큰 세상으로 나가면서 나를 아예 잊어버렸지
겨자씨만 한 죄의식도 없이 말이야
내가 사실 미치게 되었던 것도
소년이 청년이 되어 돌아와서는 입맞춤은 고사하고
나를 강아지 패는 회초리로 밖에는
생각지 않았다는 것이지
우울증이 날을 세우고 길목마다 서있는데도 말이야
예술은 그러니까 정말 사치야

# 입이 사라지고 있다

입에서 나오는 말만이 말이 아니다
눈빛과 눈물의 양으로 말소리를 훔칠 수 있다

누가 이 아이의 입을 지워 버렸는가
학부모가 이미 싸늘한 아이를 붙들고 울고 있다
선생들이 아이 집에서 자신들의 퇴화된 입과 귀를 자책한다
가정에서도 학교에서도 말하는 입이 사라지고 있다
듣는 귀도 더는 듣지 않는다
눈을 빼고 얼굴에 달린 건 모두 사치품이라고 누군가 외친다

소년은 귀와 입이 무성한 원시림 무인도를 찾았다
억압도 왕따도 없는 곳, 야자열매를 주워 하나씩 바다에 던진다
바다는 매번 바닷물을 튀기며 에메랄드빛 소리를 낸다
소리 따라 바다로 들어간 소년은 돌고래가 되었다

푸른 물결 일렁이는 드넓은 인터넷 바다

그곳은 날마다 쓰레기로 넘쳐나지만
의로운 자살 방법과 같은 질문에도
언제나 답해주고 반기기에
소년 소녀들이 흔히 가는 곳이다
허나 거기는 중간 기착지
눈만 달린 소년 소녀들은 희미한 어미 소리 더듬으며
아틀란티스를 찾아서
더 깊은 바다 속으로 몸을 던진다

비로소 죽어 입들이 열리고 관심을
한 몸에 다 받는다

## 스펙트럼


뼈와 뼈가 부딪쳤다
이와 이가 맞지 않아 쇳소리 났다
무리 속에서 하나의 몸부림이었다

바르르 한 장으로 가늘게 떨다가
무게가 한쪽으로 기울더니 기어이
나뭇잎 하나가 비바람에 떨어진다

허공에 긴 울음을 남긴다
초록에서 빨강까지 울음의 마디를 하나씩 더듬어본다
지나온 길들이 숱한 빛깔 속에 엉켜있었다

그대는 지금 긴 여정 중
어느 스펙트럼 구간을 지나는가
세상을 따라 사느라 선홍빛 되지 못하고
누렇게 바랜 황갈색 되었는가

이제 막 실핏줄 같은 골목길을 지나
흑갈색으로 수렴하는 울음 한 장
그 한 장 안에 들어있는
수많은 생의 격자무늬들
수의에 남긴 혈흔들

그가 갔다

# 제4부

# 매트릭스


연분홍 매트릭스가 왔다

소우주를 주렁주렁 가지 마디마다 매달고 환하게
창가에 서 있는 매트릭스를 바라보던 반백의 매트릭스가
한 강의실로 들어섰다 그리고
초롱초롱한 눈을 한 매트릭스들에게
거대한 매트릭스를 그려 보였다

수많은 방정식들을 거느리고 있는 매트릭스
매화나무 가지에 물이 촉촉이 올라올 때
살가죽을 뚫고 젖내 나는 매트릭스가 탄생한다
터진 틈으로 비상하려는 새 움아
너의 운명의 숫자가 무엇이더냐
너의 고유벡터가 꽃이냐 푸른 잎이냐
시시각각으로 변하는 잎 줄기 모세관 꽃봉오리들

살얼음판을 지치는 긴장으로 결승선을 지나

흰 줄무늬의 고유값을 달고 핀 분홍색 벡터

그가 떠나자 매트릭스는 앞을 다퉈 꽃을 피기 시작했고
강의실은 온통 매트릭스 향기로 가득했다

## 그녀가 돌아왔다


어설픈 떨림이었다
사랑니도 나지 않은 떨림이었다
비바람에 거목이 쓰러지고 깜깜한 무덤 속에 묻혀서야
열여섯 소녀의 몸이 어엿한 울음이 되었다

어둡고 잔잔한 그곳에서 누군가를 부른다
깊은 골짜기에서 끊임없이 메아리친다
메아리끼리 부딪쳐서 간섭무늬가 된다
울다 웃다를 반복한다

달빛 쏟아지는 밤마다 달에게 빈다
부슬비 내리는 날마다 인어공주가 된다
바스락 소리에도 일어나 누군가를 찾아 나선다
사내 손을 잡으려 뻗으면 닿을 듯하다가 잠에서 깬다

천년 묵은 문자를 바람에 띄우고 귀 기울인다
가슴이 녹아내린다 손마디가 다 닳았다

누군가를 찾으며 천오백 년을 울었다

뇌도 다 녹아 텅 비었다
뼈 속까지 모두 비어 공명한다
금동 귀고리도 따라 운다
그녀*가 돌아왔다

---

\* 가야 고분군 15호분에 순장된 6세기 가야 소녀

## 유전자 고리가 떤다


어긋난 두 계층이 등을 돌린다

두 세계가 수백 년을 서로 으르렁대는 동안
절벽의 높이는 하늘을 찔렀다

거대한 두 절벽 사이 틈바구니에서
단절과 불화를 뜯어먹고 자란 그들은
심신이 모두 울룩불룩한 화강암이었다

기어이
코뿔소가 씩씩거리며 왔다
콧구멍으로는 연기를 뿜고
입으로는 불을 뿜으며 왔다
덩치는 절벽의 크기만 했다
뿔은 톱날이 진 틈새처럼 예리했다
일시에 분출한 노기는
서있는 것을 결코 용납하지 않았다

신전도 왕궁도 무너졌다
코뿔소 떼들이 연이어 지나갔다
노도처럼 밀려왔고 또 밀려갔다

지진 후 너부러진 진동체 속에서
파란 진동이 하나 둘 기어 나왔다

유전자 고리가 다시 떤다

## 자폐의 눈물


너를 부를 때마다 우는 것을 안다

꿈속을 여행하다 엄마 손을 놓쳤다
놓친 것이 아니라 투정으로 그냥 놔버렸다
애타게 부르는 소리에 고집 피우다 잠이 들었다
배가 고프고 너무 조용해서 잠에서 깨었다
희미한 소리에 계속 버티다가 1년이 훌쩍 지났다
2년이 지나도 3년이 지나도 이제는 메아리도 들리지 않는다
제 몸 안에 있는 작은 독방에 홀로 갇혀
피는 식어갔고 호흡도 꺼져갔다
밀폐된 공간으로 희미한 혼만이 들락거렸다
살도 피도 굳어 하얀 석회석이 되었다

너는 네가 누구냐고 물을 때마다
얼굴에 유약을 발라 모르는 말만 되풀이했다
회칠한 벽 위에 타일을 바르고
너는 네 밀실에 몸을 처넣어 빗장을 걸었다

나의 벌거숭이 모습에도 열지 않았다
나오려다 깊이 빠져 아예 입구를 지워버린 것을 안다
절망으로 울음의 터가 메워진 것을 안다
회벽에 갇혀 벙어리가 된 네 마음 나도 안다
네게 닿지 않는 긴 밧줄이 내려갈 때마다
타일 뒤에 숨겨진 얼굴이 촉촉해지고
샤워할 때마다 벽에 물방울이 송골송골 어리는 것을 안다

너를 부를 때마다
어둠에 갇혀 혼자 우는 것을 안다

# 틈


그 사이로 비바람이 흘러들었고
벽을 갉아내어 미물은 똬리를 틀었다

몸은 늘 울음으로 그득했다
허기의 크기와 개수만큼 큰 몸체에
빈 공간이 하나 둘 생기어났다
공간들은 늘 허기로 울어야 했고
공간과 공간 사이의 벽은 진동했다
그들은 그 안에서 그들끼리
소통하고 증폭하고 소멸했다
밖은 차가운 벽으로 꽉 막힌 어둠 속
피가 마르고 목이 탄다
울음의 입자들도 떨다가 얼어붙는다

마이크로 공간의 고음을 지나
공간이 커지자 중음이 되고 저음이 된다
음의 길목에 서서 귀 기울였으면 들었을 음들

그렇게 어느 동굴이 울자 카트리나가 지나갔고
그 길을 거쳐서 어느 날 쓰촨성은 무너졌다

서울역 노숙자들의 떨림은
그저 떨림이 아니다

# 계명

모두 영이 죽어있었다

광야에 우뚝우뚝 솟은 글자가 있다
세월이 가도 뽑히지 말라고 깊이 박혀있다
누구든 첨삭하지 말라 한 계명이다
산꼭대기는 늘 운해에 가려있었다

먹구름이 종종 몰려와 산을 온통 휘감고는
묵은 글자를 하나씩 지우고 다시 써 내려갔다
하늘에서 숲으로 써 내려가는 하얀 솜사탕 같은 글자를
사람들은 계명처럼 따라다녔다
골짜기까지 걸쳐 있다가
능선을 타고 넘어가는 글자 하나하나에 주목했다
구름의 움직임과 숨소리에 긴장했다
한 글자가 마무리되기도 전에 다른 글자들이 쏟아져 나왔다
글자들이 산허리를 감고 또 감았다
쉴 새 없이 써서 산자락마다 걸쳐놓았다

어둠이 밀려오기까지 거듭되었으나

선지자는 오늘도 보이지 않았다

# 호수

우주에 꿈틀거림이 있다

가을이라고 하는
파동방정식 하나가 오리를 호수에 풀어 놓자
호수 위에 떠서 속살을 건드린다
수면 아래 은밀한 곳을 발로 연거푸 차니
바르르 떨며 몸부림이 시작된다
처녀 울림과 되울림의 중첩
밀려오는 물결과 물결의 간섭들
급작스런 결의 어긋남에 놀란 섭동은
시공을 축으로 하는 좌표에 울음을 토해낸다
울음끼리 울고불고 가감승제 한다
울음이 파동으로 무한 점화한다
낙엽이 물고 온 미동 하나가 허우적거린다
구면파에서 평면파로 진화하다 익사한다
무덤이 된다 자궁이 된다
사그라지지 않는 기아선상에 놓인 아이들의 떨림

마르지 않는 어미들의 간헐천
그 에너지는 도대체 어디서 오는가

저녁이 되자
끝없이 응축된 미분덩어리, 하늘이
몸 전체를 호수에 들이밀고 있다

## 앙상한 흑백 사진을 읽다

깜깜한 어둠 속에 갇힌 긴 세월
눈언저리에서 서성이는 언어들이 물결로 일렁이는 것을 본다

울먹임을 낚아내는 것은
에디슨이 백열등에 불을 켜는 것과 같다
그대여, 상상의 날개에 제트기 엔진을 달아라
이목구비에 낀 비계에 쥐모리검을 대어라
꽁꽁 언 저수지 위에
초음파탐지기 카메라를 들이밀고
물결 한 결 한 결을 훑는다
비약 상징 생략으로 압축된
흑백 문장 부스러기를 건지기 위해
지독히도 이기적인 문명의 이 그믐밤
나는 솜방망이에 불을 붙인다

종군기자들은 영혼의 중얼거림을 사진에 담아냈으나

숱한 봄 지나는 동안 그 누가 시체*에 싹을 틔웠나


피 묻은 이중 전기 철조망 안에서 카메라 앞에 섰다
낙엽 떨어지는 가을 하늘처럼 창백하고 뻥 뚫린 눈동자들
가스실에서 다급하게 글자를 선별하고 있었다


비스듬히 내리쬐는 실오리 햇살에 어둠 속 글자들이 반짝
들떴다


곰실곰실 히브리어 중에서
가벼운 묶음은 튀어나오고 깊고 묵직한 것은 가라앉는다
초어스름에 탁한 연못을 가르고
잉어 크게 한번 수면 위로 튀어 오르듯
검정 돌덩이 하나 수면 위로 나타났다 사라지고 있었다
기아 공포마저 삼키고 마지막까지 버티다가

---

\* T.S. 엘리엇의 시, 황무지에 나오는 한 구절

드디어 침묵이 깨어난다

어디서 노릇노릇
살 굽는 냄새가 납니다 어머니!
살이 타는 냄새에 허기가 눕습니다
해저 화산처럼 속이 끓어오르고 있습니다

눈망울이 본론을 지나 결론으로 치닫고 있었다

죄송합니다 어, 어 어머니
제 뼈가 녹아내립니다
어디선가 뼈 터지는 소리에 귀가 벙어리가 됩니다
이젠 아프지도 않습니다
원망도
두려움도
다 타버리고 재만 남아
맑은 연기만이 내가 이미 저들을 용서하고 있다고

잔칫집 향초처럼 아우슈비츠 상공에
휘갈겨 쓰고 있습니다

# 그는 낮에는 악몽을 꾼다

풀벌레 소리를 헤치고
밤마다 푸른 초원을 달렸다

그때마다 풀을 뜯던 말들이 일제히 뒤를 따랐다
바람도 초목도 들짐승도 숨죽여 그를 경배했다
말갈기가 공기에 부딪쳐서 이는
파란 불꽃이 밤하늘의 별들을 압도했다
이슬로 목 축이며 밤의 이쪽에서 저쪽까지 단숨에 달렸다

어느덧 밤의 끝자락에 다다라
마지막 두 발을 허공에 내딛는 찰나
시계 바늘이 달린 박차가 옆구리를 찔렀다
그 순간 말 울음소리와 초원은 사라지고
로마군 함선에서 노 젓는 노예처럼
누군가가 제자리에서 계기판을 돌리고 있었다
사지는 날카롭게 잘려나갔고
절단 부위는 네 개의 굽으로 마무리되어 있었다

뼈대만 남은 몸 위에 박혀있는 안장은
뤼순 감옥에서 고문을 기다리는 사상범 같았다

동이 트자 체육관에서 삐거덕 자전거 소리가
덜컥 다시 나기 시작했다

## 이스라엘과 팔레스타인


처음부터 수식 점검을 한다
변수분리도 푸리에 변환도 한다
심해처럼 깊이 파인 등골에 땀이 흐른다
인터넷을 뒤지다 눈이 녹는다
몇 년째 돌아가는 프로그램 소리에 몸이 삭는다
고서 속에서 희미한 단서를 찾다가 사막에서 길을 잃는다
일부러 미제로 남겨 놓은 문제인가
모래바람이 바퀴 자국을 들추고 웅웅거린다
이스라엘과 팔레스타인
그들 사이에 수천 년 동안 어긋난 결을
그들은 맞출 수 있을 것인가

천사가 시험 감독을 한다
수험생들은 태블릿 PC를 하나씩 놓고
카오스적으로 벌컥벌컥 화염을 내뿜으며
활화산이 되고 있는 문제들을 들여다보고 있다
좌석마다 노벨상 수상자 이름이 있다

뉴턴도 아인슈타인도 있다
자살 폭탄 테러로 죽은 애를 부르며
아랍 여인이 검은 사막 위에서 통곡한다

전자파 문제를 풀듯이 그들은
맥스웰 방정식에서부터 새로이 시작한다
노트 한 권 분량의 늪지를 지나자
소통을 실어 나르는 수많은 길이 나온다
입구마다 거머리같이 달라붙는 암호들
안개 속 지뢰밭 같은 국경선을 벗어나자
먹구름처럼 시시각각으로 변하는
함수들로 된 수억 개의 식에 이른다

# 최 형사 이야기


나는 화초입니다 화분에 담겨
당신을 기다리다 잠드는 슬픈 이야기입니다
그리울 때마다 한 번씩 우는 두드림입니다

그날 밤 취객을 구하려고
도로에 뛰어들다 식물인간이 되지만 않았어도
당신 말대로 경찰을 그만두고 농사만 지었어도
자식들 생계비라도 좀 마련해 놓았어도
당신에게 사랑한다고 복사꽃 같은 말 한마디 했었더라도
이렇게 날마다 내 속이
마그마처럼 끓어오르지는 않았을 거요

당신이 내 곁을 지켜온 지난 10년
나도 당신을 줄곧 따라다녔습니다 당신의
음성과 숨결 발자국 소리는 나의 힘이었습니다
당신이 내 가슴을 눈물로 적셔줄 때마다
시든 화초 같던 나는 벌떡 일어났습니다

올 한 해도 당신 고생 많았습니다
애들 걱정에 나도 일어나 보려고
내 생체 회로를 틈틈이 들여다보고 있지만
어디가 끊겼는지 막혔는지 우주처럼 아득합니다
숨넘어가는 회로들의 앓는 소리에
오늘도 이름 모를 하얀 손길이 나를 찾아와
한동안 어루만져 주다가 갔습니다

내 몸은 아직 서릿발이 몸통을 거쳐 뇌까지 덮친 식물입니다
이곳은 춥고 캄캄한 겨울 감옥입니다
그대가 나를 부를 때마다 그 소리를 따라
어둠 속에서 나는 지워진 문고리 흔적을 더듬습니다
울긋불긋한 물결들이 내 귓바퀴에서 회오리친다 해도
그대 숨결 놓지 않으면 언젠가 문밖으로 나갈 수 있겠지만
내 곁에서 뼈만 앙상한 나를 닮아 가는 당신

가만히 산소 호흡기에 손을 대어 봅니다 그러나
내가 할 수 있는 일은 눈 깜박이고 숨 쉬는 것뿐
이제는 내 마른 화초가 되어 그대 놓아 주리다

깜박깜박 희미한 미동으로
가늘게 수렴하는 불규칙적인 떨림이 오면
내가 마지막으로 당신을 부르는 사랑으로 알고
부디 나를 보내주오

# 악어, 지구를 접수하다

한 입 베어 먹고 버린 사과로 넘쳐난다
사각사각 갉는 소리 처음엔 들리지 않았다
스마트폰으로 이리저리 눌러 보고 알았다
이미 태양계를 벗어난 조각은 되돌릴 수 없다는 것을
어제는 카드게임에 발목을 물렸다
독버섯류의 언어, 코카인보다 더 흰 영상이 진화하여
이빨에 물리면 살점이 떨어져야 빠져나온다
멋진 철 가면을 쓴 주인공은 늘 승자다
오늘 아침도 인터넷 조간신문을 뒤적이다가
스팸메일 정리하다 물린 부위 다시 물렸다
어쩌다 답이 없는 사람 문제로 밤새 시달리거나
재현성 실험으로 내 살을 뜯길 때는 이리 시리지 않았다
닥치는 대로 게걸스레 먹어대는 저놈의 식욕
저놈의 배를 째면 잃어버린 조각들이 나올까
고름투성이 상처는 아물 수 있을까
붉은 눈의 악어들이 디지털 늪 속으로 매초
서울 뉴욕 런던에서 콰악 살덩이 하나씩 물고 잠수한다

## 아라비아 숫자 공화국

 조연이었다. 어쩌다 부르면 위험한 길도 마다하고 스턴트로 따라다녔다. 그들은 문장 속에서 늘 기다림과 벗하며 편견의 悲哀感으로 허기를 채웠다. 모두 주저거릴 때 장막 뒤에서 무대에 떼밀려 들어섰다가 내지르는 외마디에 가끔 박수갈채를 받기도 했다. 그러나 그 후로 혁명의 바람은 서서히 대학 강의실에서부터 불어왔다.

 비늘로 덮인 새끼 아나콘다의 검은 혀는 붉고 길게 자라고 있었다. 심해의 백상아리 이빨도 더욱 희어졌다. 고통, 환희, 절망, 슬픈, 웃다, 울분, 소통으로 세상은 부족할 데 없는데 권총을 찬 정보요원들은 안보를 들먹이면서 지면을 검열했다. 나한테도 스토커질하고 있었다. 내가 가는 곳마다 소매를 잡아끌고 손에 펜을 쥐여 주었다. 상상의 길목을 막아서거나 날개옷을 숨기기도 했다. 콘도르의 부리가 날카롭게 번득였다. 이제는 공중의 지면도 휴대폰도 그들한테 인허가를 받아야 한다. 인터넷뱅킹을 할 때는 그들의 코드 번호를 처넣어야 한다. 회사 얼굴을 알릴 때에도 그들 혁명군 수뇌

10인이 나섰는데, 테러나 전쟁에 대한 소문이 들리면 그들 사이에 큰 소동이 일어나곤 했다.

　혁명군 수뇌 중에서 하나는 용맹하기가 으뜸이고, 둘은 포용할 줄 알았으며, 셋은 문무를 겸비한 박사 출신 장군이었다. 그 뒤로 넷, 다섯, 여섯, 일곱, 여덟, 아홉이 있는데, 군중에게 인기는 일곱과 아홉이 가장 높았다. 세계 인구 70억 돌파나 700조 원의 무바라크 검은 돈과 같은 숫자 이야기가 나오면 블랙홀처럼 온 지면을 빨아들였다. 달변보다 통계에 중독된 이들이 늘면서 혁명군 수뇌 10인은 교수, 경제인, 정치인들의 祕器가 되었다. 나도 이제는 내가 아니다 그들 중 하나가 되기 위해 혁명에 동참한 지 오래다.

　아라비아 숫자들은 이제 글자의 오그라든 등을 밟고 예술 무대 위에서도 활보한다. 때로는 머리끝에 독을 묻히고 화살로 날아가 목표물에 정확히 꽂히기도 한다. 그들이 가는 곳마다 정치, 경제 프로들이 늘 리무진을 대기해 놓고 좌우로

도열해 있다.

■ 시론

- 파동과 입자 시학

- 숫자공화국과 치유의 언어

『n평원의 들소와 하이에나』를 펴내며

# 파동과 입자 시학

이시경

우리는 지금 디지털 공룡들이 우글거리는 과학 시대에 살고 있다. "하늘로부터는 익룡이 쉬지 않고 날아들고 땅 위에서는 육식 공룡이 으르렁대는" n평원에서의 삶은 치열하다. 그 풍경을 그리는데 가장 많이 동원되는 언어는 '파동(wave)'과 '입자(particle)'이다. 파동과 입자의 언어는 삶 속에 자연스럽게 녹아 있어서 우리에게 아주 익숙하다. 따라서 이 시대를 살아가는 시인들이 일상 속에서 파동이나 입자 이야기를 시로 노래하는 것은 당연한 일이 아닐 수 없다.

## 1. 왜 '파동시'와 '입자시' 인가?

빛은 파동이면서 입자의 성질(파동-입자의 이중성, wave-particle duality)을 갖고 있다. 때로는 파동의 모습으로 나타났다가 어느 때는 입자처럼 행동한다. 그럼 파동은 무엇인가? 파동은 물결처럼 구불구불 흘러가면서 서로 '간섭'하기도 하고 주변 물체를 만나 '회절' 혹은 반사하기도 한다.

이러한 '파동성(파동의 성질)'을 보이는 것이 빛만 있는 것이 아니다. 우리가 귀로 듣는 모든 음성 신호들은 음파라고 불리는 파동이고, 눈으로 보는 모든 영상 신호들은 광파라고 불리는 파동이다. 그리고 전력선 주변에서 발생하는 신호들은 '전자파(electromagnetic wave)'이고, 사람들의 물결은 '인파(human wave)'라는 파동으로 불린다. 우리 주변에는 이들 파동들로 가득하다. 거시적인 관점에서 보면 '파동은 움직이는 모든 것이다.' 이렇게 '움직이는 것은 모두 파동이다'라고 생각한다면, 인간의 삶을 포함해서 살아있는 모든 것들을 파동이라고 할 수 있다.

그러기에 우리는 날마다 살면서 이웃과 얽히고 설키고 간섭하면서 여러 가지 무늬로 떤다. 울고 웃고 조울증 환자처럼 또 울고 웃기를 반복된다. 그것은 우리 삶이 파동이라는 하나의 증거가 된다.

빛에 '입자성(입자의 성질)'이 있다는 말은 무엇인가?
빛도 입자들처럼 운동량도 있고 에너지도 있다는 의미이다. 20세기 전까지만 해도 빛이 일종의 파동이라고만 생각했다. 그러나 천재 과학자들의 출현 이후에는 빛을 '광자'라는 입자 덩어리로도 볼 수 있다고 말하고 있다. 여러 가지 실험

결과들이 이것을 뒷받침해 주고 있다.

빛은 파동이면서 광자 덩어리이고, 광자는 하나하나마다 고유의 에너지와 운동량이 있는 입자 덩어리이다. 현재 계측 기술의 한계로 전자, 원자 등 미시적인 것들에서만 파동과 입자의 두 모습을 모두 관측할 수 있으나, 양자역학에서는 거시적인 물질도 이중성을 지니고 있다고 믿고 있다. 게다가 모든 물질이 원자로 구성되어 있다는 점에서 우리 주변의 물질들이 모두 파동성과 입자성을 지니고 있다고 말할 수 있다.

우리 삶도 깊이 들여다보면 그 속에서 '파동'과 '입자'의 모습을 발견할 수 있다. 따라서 시인들의 시집에 나와 있는 모든 시편들은 '파동 이야기'이고 '입자 이야기'일 공산이 크다. 물론 어떤 시는 '파동시'에 가깝고 다른 어떤 시는 '입자시'에 더 가까울 수도 있지만 말이다. 이시경의 시집 『n평원의 들소와 하이에나』에 실린 시들 중에서 대표적인 몇 편의 '파동시'와 '입자시'를 골라서 한번 살펴보기로 하자.

## 2. '파동시'는 무엇인가?

앞에서 삶을 파동이라고 했다. 파동은 시간과 장소에 따라 오르락내리락하면서 어느 방향으로 고유의 속도로 진행하는

특징이 있다. 그리고 주변 환경의 변화에 따라서 진행하는 속도뿐만 아니라 울림의 색깔도 달라지며, 보통 점점 더 그 세기가 약해지다가 결국은 소멸한다. 우리도 태어나서 성장하고 늙어가는 동안 별별 희로애락의 경험을 반복하다가 마침내 죽음에 이른다. 출생과 동시에 고유의 맥박수로 떨다가 언젠가는 사그라든다는 점에서, 삶을 명징하게 비유할 수 있는 말로 '파동'보다 더 나은 단어가 있을까?

아래 시편은 「파동이 나오다」의 전문이다.

> 울음이 있었다
> 울음 안에도 울음 밖에도
> 호흡이 다른 울음으로 가득했다
> 그들은 봄바람으로 아침햇살로 쉼 없이 달렸다
> 바다를 건넜고 빙하와 산맥도 넘었다
> 어느 날 온몸으로 울던 어설픈 울음 하나가
> 민들레 꽃씨처럼 호흡이 같은 가슴에 떨어졌다
> 씨앗은 그 속에서 수시로 파도치다가
> 열 달 동안 애비를 닮아갔다
>
> 크리스마스이브 로키 산마을
> 그날 새벽은 엄청난 폭설이었다
> 모든 호흡이 얼어붙는 혹한이었다
> 그 속에서 겨우 파닥거리는 불씨 한 점
> 두 개의 거울 사이에서 잉잉거리며
> 서서히 피어오르는 불꽃

긴 호흡이 점점 빨라지다가
파고가 최대가 되자 드디어
흰 눈 위로 빨갛게 왈칵 쏟아졌다
꽁꽁 언 새벽을 찢고
딸아이가 나왔다

- 「파동이 나오다」의 전문

  시편의 구절마다 파동의 속성이 노골적으로 드러나 있다. 우선 제목부터가 「파동이 나오다」이다. 시의 첫 줄은 파동의 일종(음파)인 '울음'으로 시작하고 마지막 줄은 '딸아이'의 울음으로 끝난다. 그뿐만 아니라 본문에 울음이 다섯 차례 나오고, 파동의 일종(광파)인 불씨, 불꽃, 아침햇살이 각각 한 차례씩, 그리고 수면파인 파도가 한 번 등장한다. 시 본문에 '호흡'이 여러 차례 반복해서 나오는 것은 파동, 즉 우리 삶 속에서 호흡이 중요하다는 것을 강조하기 위함이다.

  우리는 살면서 숱한 불협화음, 즉 "호흡이 다른 울음"속에서 열심히 달리다가 어느 날 우연히 "호흡이 같은 가슴"을 만나 사랑을 하게 된다. 그 사랑의 씨앗은 "열 달 동안" 불꽃으로 피어오르다가 "꽁꽁 언 새벽을 찢고" 어느 날 "흰 눈 위로 빨갛게 왈칵" 쏟아져 나온다. 물론 입자의 모습이 보이지 않는 것은 아니나, 처음부터 끝까지 파동과 그의 사촌들로 가득하다.

파동방정식 하나가 오리를 호수에 풀어 놓자
호수 위에 떠서 속살을 건드린다
수면 아래 은밀한 곳을 발로 연거푸 차니
바르르 떨며 몸부림이 시작된다
처녀 울림과 되울림의 중첩
밀려오는 물결과 물결의 간섭들
…(중략)…
낙엽이 물고 온 미동 하나가 허우적거린다
구면파에서 평면파로 진화하다 익사한다
무덤이 된다 자궁이 된다

  - 「호수」의 부분

  위 시 「호수」도 온통 파동으로 버무려진 '파동시'이다. 우선 모든 파동을 잉태하고 분만하는 '파동방정식'이 등장한다. 시 「호수」에서 가을은 '파동방정식'이고, 오리는 가을마다 찾아오는 철새이다. 늦가을에 남쪽으로 이동하다가 잠깐 호수에 들러 먹이를 찾고 있다. 가을만이 '파동방정식'인 것은 아니다. 오리도 움직일 때마다 '파동방정식'이 된다. 그들로부터 "처녀 울림과 되울림의 중첩"이 있기도 하고, "밀려오는 물결과 물결의 간섭들"이 생기기도 한다. 호수에서 탄생한 물결이 우리 인생처럼 더러는 끝까지 밀려오기도 하고 더러는 중도에서 사라진다. "구면파에서 평면파로 진화하다 익사한다"는 것은 호수가 '파동방정식'일 뿐만 아니라, 파동의 무덤이라는 것을 말한다.

 우리는 잔잔한 호수 위의 어느 가을 낙엽처럼 우연히 나타나 때로는 동료들과 다투기도 하고 때로는 호흡을 맞춰가며 즐겁게 놀기도 하는 낯선 파동이다. 기아 선상에서 우는 아이들도 어미젖을 먹고 몇 년 후에는 거대 파동으로 자랄 것이다. 그들도 지금은 잔 파동들이지만 틀림없는 '파동방정식'이다. 그러나 누가 뭐라 해도 가장 거대한 '파동방정식'은 '호수'이다. 그 까닭은 호수는 저녁마다 "하늘이 몸 전체를 호수에 들이밀"면 재워주는 하늘의 어머니이기 때문이다. 마지막으로 살펴볼 '파동시'는 아래에 있는 「사랑의 속도」이다.

> 구불구불 그들은 주어진 궤적을 그린다
> 우주 속 한 점에서 서로 만나 한 호흡으로 수렴한다
> 하나의 쌍극자로 떨다가 사랑은 $v = 1/\sqrt{\mu\varepsilon}$ 속도로 사그라진다
>
> 결 따라 하양울음과 검정울음이 반복된다
> …(중략)…
>
> 반세기 동안 하나로 떨었다
> 아내는 치매 남편 수발로 무덤 속까지 동행했다
> 어느 50년 지기 노부부의 속도 제로의 떨림은 과연 어떤 맛

이고 색깔이었을까
  허허호호거리는 지하 단칸방 하나가 우뚝 선다

가속 페달이 부르르 떤다
다가오는 안갯속 갈림길까지의 거리를
시간의 발목을 잡고 울음의 마디로 가늠해 본다
                        - 「사랑의 속도」의 부분

어느 부부든지 처음 만나 살다 보면 서로 호흡이 어긋나기도 하고 일치하기도 하면서 "구불구불 그들은 주어진 궤적을 그린다". 그러다가 인생의 궤적 위를 어느 정도 달리면서부터는 "한 호흡으로 수렴한다". 가난하지만 서로 사랑했던 지하 단칸방 부부는 반세기 동안 "하나의 쌍극자로 떨다가" 무덤 속까지 동행했다. 아내는 치매 남편의 수발을 들면서 시시때때로 "갈림길까지의 거리를 울음의 마디로 가늠해" 보았으나 안갯속처럼 불안했을 것이다. 이 작품에 나오는 수식($v = 1/\sqrt{\mu\varepsilon}$)은 단순한 식이 아니고 삶이 파동이라는 것을 환유/은유한다. 월간 『현대시』 2019년 8월 호에 실린 '이시경의 시론'을 인용해서 좀 더 부연 설명해 보자.

    이 식은 바로 '우리 삶이 파동이다'라는 것을 환유/은유하거나 알레고리적으로 표현하는 '시어' 또는 '시문장'이다. 이때 이 '시어'는 수십 권 분량의 파동 이야기들을 '압축'하고 '생략'하면서 각각의 독자들에게 각기 다른 새로운 의미와 이미지를 낳게 한다.


## 3. '입자시'는 무엇인가?

우리 주변에 있는 거의 모든 기기들은 전자나 광자와 같은 입자들의 작품이라고 말할 수 있다. 이들의 도움이 없이는 인터넷도 불가능하고 자연친화적인 LED 조명도 실현할 수 없다. 다시 말해서 미시세계 속에서 그동안 입자들이 조용히 이 세상을 지배하면서 우리 삶에 깊이 관여해오고 있었다고 말할 수 있다. 입자들이 우리 삶에 어떻게 관여하는지를 그들이 등장하는 아래 '입자시'를 통해서 한번 알아보자.

    들소 떼가 초원에 몰려든다
    우기가 되면 늘 시작하는 짓거리

    들소들이 적색 황색 녹색으로 들떠 있다
    발정 난 들소 떼가 들소 떼를 쫓는다
    하이에나도 부실한 다리를 찾아 뒤를 쫓는다
    허기로 자욱한 신천지 길 입구에서
    바르르 떨던 무리들 초원에서 하나가 된다
    저마다 고유의 빛 알갱이를 토해낸다

한 떼의 무리가 사라지면 또 한 떼의 무리가 몰려온다
쉬지 않고 지속되는 죽음과 환생의 반복
흘레질로 죽어 환생하는 적색 황색 녹색의 행렬
거리마다 휘젓고 다닌다

…(중략)…
기분 나쁘게 웃어대는 하이에나 무리들
그들의 갈증이 초원을 붉게 물들일 때마다
가슴속이 사바나 열대야가 되어 간다
- 「들소와 하이에나」의 부분

  위 작품은 현재 조명과 디스플레이 분야에서 많이 활용되고 있는 발광다이오드(LED)의 개념에서 얻은 상상력(또는 영감)에 기반한 시이다. 위 시에는 여러 종류의 입자들이 등장한다. 우선 LED에서 두 입자, '전자(-)'와 '정공(+)'이 결합할 때 빛(광자, photon)이 방출된다. 이때 '열진동'을 수반하는 입자, '포논(phonon)'이 들소 수컷과 암컷 사이의 짝짓기에 훼방꾼 하이에나로 끼어들면 발광 효율이 떨어진다. 이에 대한 자세한 설명은 이시경의 『과학을 시로 말하다』를 참조하기 바란다.

  독자에 따라서 위 시가 다르게 읽힐 수 있다. 예를 들어서 암컷과 수컷 들소 떼 사이에서 일어나는 사바나 초원의 풍경을 인간 세상에 빗대어 알레고리적으로 해석할 수 있다.

이 경우 '광자'는 '천사' 또는 '좋은 놈'이고 '포논'은 '나쁜 놈'일 수 있다. 그러나 일부 LED에서는 '포논'이 긍정적인 역할을 한다. 이와 관련해서 『과학을 시로 말하다』의 글을 잠깐 인용해 보자.

> 미시 세계도 우리 인간 세상과 비슷하다. 대부분의 반도체 LED에서 '포논'은 '나쁜 놈' 역할을 하기 때문에 제거의 대상이지만, 그놈을 잘만 활용하면 어떤 LED에서는 제법 쓸모 있는 '좋은 놈'이 될 수 있다. 이렇게 눈에 보이지 않는 작은 입자들이라고 하더라도, 악한 사람을 잘 설득시키면 선하게 쓸 수 있는 것처럼, 잘만 다루면 인류에게 빛이 될 수 있는 것이다.

입자들이 우리 삶 속에서 스타로 활약하는 분야는 비단 조명과 디스플레이에만 국한되는 것은 아니다. 그들은 통신과 인터넷 분야에서도 슈퍼스타로 맹활약 한다. 그들 없이는 인터넷도, SNS도, 빅데이터도, 챗GPT도 불가능하다. 그들이 데뷔한 후로 지구 전체가 하나의 초고속 인터넷망으로 서로 소통할 수 있게 되었다. 이제는 어디에 있든지 사랑하는 이들과 언제든지 사랑을 주고받을 수 있다.

하늘로부터는 익룡이 쉬지 않고 날아들었고

땅 위에서는 육식 공룡이 으르렁대며
일제히 협곡으로 몰려들었다

그들이 그곳에서 서로 만나 하나가 될 때마다
거듭거듭 몇 번이고 천둥 치고 번개 쳤다

깊은 협곡 속에 갇혀 울부짖던 야성들은
제 울림에 더욱 미쳐 발광하다가 일제히
벼락같은 거대한 울음으로 우르르
장벽을 뛰어넘었다

붉은 울음들이 기지개를 켜고
꽃 편지를 들고 빛의 고속도로를 따라 질주한다
그리운 얼굴들이 날마다 눈물을 받아먹는다
서울이 뉴욕이 베이징이 나이로비가 환해진다
백만 년 만에 지구가
다시 숨을 쉰다

-「산소」의 부분

초고속 광대역 인터넷이 활성화될 수 있었던 이유 중 하나로 효율이 높은 반도체 레이저의 개발을 말할 수 있다. 반도체 레이저에는 '전자'와 '정공'들이 떼로 모여서 일하기 좋은 이중-헤테로구조(double-heterostructure)의 '협곡'이 있다. 그곳은 입자들의 놀이터이며 동시에 일터이다. 그곳에서 서로 만나 또 다른 입자인 '광자'를 생산한다. 시에서 '익룡'이나

'공룡'은 입자를 은유한다.

  두 공룡(전자와 정공)이 협곡에서 만나 '광자'를 방출하면, 광자는 지구 구석구석까지 송신자가 보내는 애틋한 "꽃 편지를 들고 빛의 고속도로를 따라 질주한다". 그러면 사랑의 편지를 기다리고 있던 "그리운 얼굴들이 눈물을 받아먹는다". 그리고 "서울이 뉴욕이 베이징이 나이로비가 환해"지면서 "백만 년 만에 지구가/다시 숨을 쉰다". 피코, 펨토, 아토 평원들이 점점 더 뜨거워진다.

  n평원은 과학자들뿐만 아니라 시인들에게도 노다지 땅이다. 과학자들이 전자현미경으로 양자점(quantum dot)이나 양자 우물(quantum well) 구석구석을 들여다보듯이, 시인들은 상상력에 나노 탐침을 달아 파동이 물결치고 입자들이 뛰노는 삶 속 내부를 샅샅이 들여다볼 수 있다.

  이 시집 「n평원의 들소와 하이에나」는 디지털 공룡들이 우글거리는 세상 속에서 사랑과 고통 사이를 널뛰기하는 삶을 '파동'과 '입자'의 언어로 노래한다. 상상력에 날개를 달고 파동과 입자가 저글링하는 꿈의 n평원으로 우리 함께 여행해 보자.

이시경 작품론

# 숫자공화국과 치유의 언어
- 이시경의 시, 〈쥐라기 평원으로 날아가기〉 외

## 오 윤 정

　강의실에 학생들이 북적인다. 학생들 손마다 스마트폰이 쥐어있다. 수업을 듣는 아이들의 눈은 시시때때로 조그만 기기 위를 헤맨다. 그들은 대화를 나누지 않는다. 소통은 문자와 이모티콘으로만 이루어진다. 그런 아이들에게 문학은, 혹은 시는 이미 현실의 것이 아니다. 그들에게는 스마트폰을 통한 만남, 개인 네트워크를 가지고 있다는 안도감, 그리고 진짜 같은 가상의 게임들만이 존재한다. 그들에겐 그것이 이미 현실이다. 21세기를 들어서면서 많은 시인들은 이러한 현상을 목도했다. '나는 클릭한다, 고로 존재한다'는 다소 애수에 찬 외침이 시에서 들려온 것도 이 무렵이다.

　이시경의 시는 이러한 상황과 맥을 같이 한다. 이시경의 시는 우선 신선하다. 함축적이라거나 정서적인 시어에 길들여진 눈에 그의 시어들은 그로부터 빗겨나 있어 마음을 끄는

힘을 가지고 있었다. 그리고 그 언어를 통해 드러나는 상상력 또한 흥미롭다. 그는 '코닥사우르스'를 말하고, '디지털 평원' 위에 서 있다. 그 주위에는 계산기와 기호와 무리수가 널려 있다. 스마트폰이 우리를 장악하고 있는 것처럼. 그러한 그의 '아라비아 숫자 공화국'은 너무도 분명하고 명철해, 어떠한 감성도, 숫자로 변환되기 어려운 어떤 마음도, 그저 이유 없이 마음 어지럽던 시간들도 기록되기 어려울 듯 보인다. 이시경 시의 시적 화자는 이 숫자 공화국을 어지러이 헤맨다. 때로는 사실인 듯 받아들이기도 하고, 때로는 그 숫자 너머의 빈 공간을 헤매기도 한다. 그의 눈은 여기를 응시한다. 하지만 동시에 공간의 심연 그 너머를 응시하는 깊은 눈동자를 하고 있다. 그 시선은 너무도 막막하여 어디를 향한 것인지 가늠할 길이 없다. 시인은 그것을 분명하게 보여주지 않는다. 그저 환각의 감각만이 나타날 뿐이다. ……

## 1. 디지털 평원 vs 쥐라기 평원

이시경 근작시의 공간은 비현실적이다. 디지털 평원이나 쥐라기 평원 모두가 실재하지 않는다는 공통점을 가지고 있다. 물론 디지털 평원에 비해 쥐라기 평원은 이미 실재하던 것이니 그 차원이 다르다 말할 수 있겠지만, 어쨌든 그 차이는 미미할 뿐이다. 현대의 삶은 끊임없이 가상을 실재하는 것으로 만든다. 이 시간 속에선 가상과 실재라는 것만큼 구분하기 어려운 것도 없다. 컴퓨터라는 창 속에 열리는 또 다른 창들의 공간, 이건 허구다. 그런데 그 창들 안에는 실재하는 개인의 삶이 있다. 우리는 수많은 블로그를 읽고, 사진을 보며, 작은 창 속에 뜨는 얼굴들을 바라본다. 또 다른 창들이 서로를 조우하며 조망하는 미장아빔의 끝없는 공간. 그 세계는 이시경의 말로 한다면 숫자가 숫자를, 기호가 기호를, 무리수가 무리수를, 오선지 위의 음계가 음계를 끝없이 서로를 가리키며 중첩되는 그런 공간일 것이다.

  코닥사우르스가 디지털 평원에서 사라졌다

  학기 내내 강의실 가득 학생들은
  숫자와 기호로 버무려진 푸른 빛깔 도는 먹이를 받아먹는다

  이제 그들은 정해진 시간 내에 주어진 문자와 식으로
  규칙에 따라서 날개를 달아야 한다.

  소나기구름으로 몰려드는 우레 같은 공룡소리

  피가 마르고 몸이 바짝바짝 탄다
  가시가 무디어지고 어깻죽지가 간지럽다
  눈앞의 먹이가 여러 개로 겹쳐 보인다
  부르르 세포가 진동하기 시작한다

> 살가죽이 터지고 가슴이 쪼개진다
> 기호와 무리수가 제 길을 잃고 초조해진다
> 계산기를 두드려보고 연필을 굴려본다
> 쓰고 지우고 다시 쓰기를 반복한다
> 졸면서 받아먹었던 것을 억지로 토해내 다시 씹어본다
> 아른아른 식들이 잡힐 듯 잡히지 않는다
> ― 「쥐라기 평원으로 날아가기」의 부분

로지 브라이도티는 현대를 새로움에 대한 욕망이 반복되는 조울증의 시대로 규정하고 있다. 새로운 것에 대한 욕망, 그 일시적인 행복감과 그에 흥미를 잃어가면서 생기는 우울감과 공포심이 함께 존재한다는 것이다.

위 시의 공간은 문자와 식, 숫자와 기호로 가득 차 있고, 그를 받아먹는 학생들로 북적인다. 규칙이라는 것은 그 이외의 모든 것을 일탈로 규정한다. 가설과 정확한 대입과 검증, 그리고 그를 통한 합리적인 결론이 바로 그러한 공간의 질서다. 이 시의 화자는 그러한 공간 속에서 하필 '공룡소리'를 듣는다. 그것도 "소나기구름으로 몰려드는 우레" 같은 소리를 말이다. 공룡소리는 시적 화자가 놓여있는 공간의 질서를, 규칙을 깨버린다. 그 소리는 점점 내 감각을, 육체성을 잠식한다. 나는 그 소리 속에서 "피가 마르고", "몸이 타"고, "어깻죽지가 간지럽"고, "세포가 진동"하며, "살가죽이 터지고 가슴이 쪼개지"는 여러 환각을 경험한다. 그것은 내 환각이 육체를 얻어 실재하는 순간을 그린다.

가상에서 가상으로, 비실재에서 비실재로, 어느 것도 진짜인 것은 없다. 끊임없는 오인과 믿음으로 점철된 세계, 아니 애초에 이 시는 그러한 비현실적 존재들로부터 시작된 것이었다. 숫자는 코닥사우르스로 변하고, 학생들은 먹이를 받아먹으며, 문자와 식으로 날개를 달고 있다. 여기에서 기호와 숫자는 육체로 바뀌고 코닥사우르스의 가상의 존재는 티라노사우루스의 날개로 거듭난다. 현실과 비현실은 구분되지 못한 채 끊임없이 몸을 바꾸고, 그 안에서 시적 화자는 '제 길을 잃고 초조해'하며, 억지로 씹기를 반복한다. 새로운 것을 끝없이 추구하고 가상을 실재처럼 만들어내지만, 그것은 단지 허구일 뿐이다. 그러한 식들은 끝내 '잡힐 수'가 없다. 이미 숫자와 기호의 식들은 그 가상의 공고함을 잃어버렸다. 시적 화자는 육체를 갈구한 채, 끝없는 육체화의 환각 속에서 디지털 평원이나 쥐라기 평원과 같은 드넓은 세계 속에 떠돌 뿐이다.

    아라비아 숫자들은 이제 글자의 오그라든 등을 밟고 예술 무대 위에서도 활보한다. 때로는 머리끝에 독을 묻히고 화살로 날아가 목표물에 정확히 꽂히기도 한다. 그들이 가는 곳마다 정치, 경제 프로들이 늘 리무진을 대기해 놓고 좌우로 도열해 있다.

                                         - 「아라비아 숫자 공화국」의 부분

이 시에서 시적 화자는 자신의 삶이 늘 '조연이었다'고 고백한다. 그는 끊임없는 숫자의 나열 속에서, 그 숫자들에 삶의 의미를 지배당한 채 살아가고 있다. '코드 번호'에 익숙해지고, '통계'에 중독되면서 숫자들은 내 삶을 잠식한다. 나 또한 "이제는 내가 아니다"라고 말하지만, 그들 중 하나가 되어가는 것에 저항할 수 없다. 이제 아라비아 숫자들은 '등'(글자의 오그라진 등)이 되고 사람처럼 활보를 하며 '머리'를 가지고 있고, 리무진을 타고 갈 수 있는 몸을 가져 버렸다. 숫자들에 의해 도열되는 숫자들의 세계, 숫자들이 인간의 삶을 통제화하는 새로운 판옵티콘의 세계. 시적 화자가 바라보는 현실은 더이상 현실의 구체(具體)를 갖지 못한다. 현실과 비현실의 몸바꿈, 그 끝없는 전위는 이러한 통렬한 비판의식을 내재하고 있다.

## 2. 치유하는 언어, 시

이시경 시인은 『애지』(2011 가을호)에서 시를 다시 시작한 이유를 설명하며 '시의 치유능력'을 언급한다. "예술적 깊이도 깊이이겠으나 아름다운 시를 쓸 수 있어, 내 시가 한편이라도 찌든 가슴을 다소 펴줄 수 있다면 좋겠다."고 말하고 있는 것이다. 실제로 그의 시가 독특한 상상력과 언어를 기반으로 하고 있으면서도 우리가 처한 시대와 상황 속에 깃든 인간의 여러 정감을 말하고 있는 점도 이러한 태도와 관련이 된다고 할 수 있다.

>쉴 새 없이 쏟아내는 문자들
>수많은 하늘의 별과 지상의 나뭇잎
>암모나이트, 고생대 파충류의 기록을
>가시가 달린 육각형 문양으로 찍어내고 있다
>불바다 위로 시조새가 난다
>원시인들이 매머드를 쫓는다
>적체된 지구 이야기가 와락 쏟아진다
>뉴욕 런던 베이징 서울의 하늘 위에서
>그들이 몸으로 그린다
>쓴다 쓰다가 운다
>웃는다 수소와 산소가 쓴
>
>사랑 이야기다
>
>― 「눈」의 부분

>밤이 두어 차례 기웃거리는 사이
>그녀의 손가락이 하나 둘 떨어지면서 연주가 모두 끝났다
>참나무 밑, 자벌레도 몸을 구부려 머리를 땅에 댄다
>떨어진 백합 꽃잎을 주워들고 소년은
>태초의 원시 정글로 떠나갔다
>
>― 「가브리엘 오보에」의 부분

첫 번째 인용 시에서 '별', '나뭇잎', '암모나이트', '시조새' 와 '매머드'와 같은 대상들은 "쉴 새 없이 쏟아내는 문자들" 과 대척점에 서 있다. 그것은 '수소와 산소'의 결합이라는 과학적 사실과 '사랑 이야기'라는 대립적 등가로도 실현된다. 그러나 이들은 묘하게 중첩된다. '쏟아내는', '찍어내고', '쏟아진다'라는 동사군은 '눈'이라는 시 제목의 움직임을 형상화한다. 눈은 '문자들', 혹은 '별'이나 '매머드' 같은 그런 이질적 대상들을 한꺼번에 쏟아낸다. 여기에서 이질감은 더이상 거리감이 아니다. 이미지들은 각각, 혹은 함께 존재하고 있다. '눈'은 이러한 서로 다른 차원의 존재들을 일정한 방향으로 이끌어 간다. 시인의 말로 하자면 '사랑 이야기' 같은 곳을 향해서 말이다.

"그르렁거리는 병실"에서 울려 퍼지는 "소년의 마지막 소원"은 온몸으로 연주되고 있다. "그녀에게서 여러 개의 손가락"이 나왔고 그 가녀린 음은 "몸이든 귀든 닿는 곳마다 떨어/ 악의도 화살도 다 녹"여 버린다. 그 슬픔과 경이의 연주를 뒤로 하고 소년은 "태초의 원시 정글로" 떠나간다. 운율의 아름다움과 소년의 죽음은 숭고하게 하나가 된다. "자벌레도 몸을 구부려 머리를 땅에 댄다"는 탁월한 묘사가 이와 같은 죽음에 대한 수용을 보여준다. 여기에서 슬픔은 존재하지 않는다. 소년의 죽음을 어루만지는 치유의 음률만이 온전한 세상이 되고 있다.

  이즈음 그의 시는 더이상 현실과 비현실, 과학적 사실과 낭만적 상상, 기계와 인간, 구체와 가상을 구분하지 않는다. 그 모든 것은 이제 한 곳을 향해 함께 간다. 이미 우리의 세계는 그런 것이다. 부정하려 해도 세계의 반은 기계나 가상, 비현실의 것이 지배하고 있다. 이시경 시의 언어는 여기에서 치유의 목소리를 띤다. 그 모든 것이 '사랑'으로 나아가기를, 그 모든 것을 어루만지는 포용과 치유의 음성이 울려나기를, 그 안에서 우리 모두 평온하기를…….

  그의 시는 색다르다. 자연 언어적인 세계와 상상력이 시의 언어와 만나는 과정에서 그러한 독특함이 생겨난다. 한때 지구의 모든 것이었던 공룡들의 시대, 원시인들과 매머드의 시대, 그러한 지금도 남아 있는 파충류의 기록들과 그 생생한 화석들, 발자국들. 논리와 숫자로 가득 찬 강의실에, 우리의 삶에 생생하게 되살아나는 이들 존재들은 이미 사라져버린 세계를, 이미 잃어버린 사람을, 시대를 회상하게 한다. 그러나 그 모든 것이 이미 화석화되었다는 점에서 이들 존재는 동시에 슬프고 허망하다. 이시경의 시가 그 생생하고 신선한 자연언어의 사용에도 불구하고, 서글픈 느낌을 갖는 이유이다. ……

  우리는 시인의 눈을 통해 사물과 세계를 다시 인식한다.

그 재인식은 새로움과 깊이를 동시에 가지고 있다. 이시경 시에서 느껴지는 향수 어린 정감이, 그 서글픔이 우리 삶 어디에서 오는 것인지 더 듣고 싶다. 그것이 어떤 마음인지, 혹은 그 감성이 나의 것과 같은지, 나의 상처를 어루만질 수 있는 것인지 묻고 싶은 것이다.

- 『애지』 2012 겨울호에서

# n평원의 들소와 하이에나

초판 발행 | 2023년 6월 10일

지 은 이 | 이시경
펴 낸 이 | 이경식
표지디자인 | 이진아
펴 낸 곳 | 시와과학
등록번호 | 제2019-000019호
등록일자 | 2019년 2월 1일
주　　소 | 경기도 용인시 수지구 상현로 30-10, 4813-503
전　　화 | 010-4203-7113
전자우편 | poetrynscience@naver.com
카　　페 | https://cafe.daum.net/poetrynscience
블 로 그 | https://blog.naver.com/poetrynscience

ISBN 979-11-979229-2-3

값 12,000원

* 이 책은 전부 또는 일부 내용을 재사용하려면 저자와 '시와과학'의 동의를 받아야 한다.
* 이 도서의 국립중앙도서관 출판도서목록은 서지정보유통지원시스템 홈페이지(https:
  // seoji.nl.go.kr)와 국가자료공동목록시스템(htt ps://www.nl.go.kr/kolisnet)
  에서 이용하실 수 있습니다.